INSIGHT DRIVEN

戦略コンサルのトップ5%だけに見えている世界

株式会社クロスパート代表取締役
金光隆志
KANEKO TAKASHI

CROSSMEDIA PUBLISHING

はじめに　天賦の才がなくても優れたインサイトは発揮できる

戦略コンサルタントの中でも真に一流と呼べるのは、せいぜいトップ5％以内の人たちです。では、そのトップ5％の一流とそうでない人では一体何が違うのか。

今どきの戦略コンサルタントは、論点思考や仮説思考、デザイン思考など優れた思考法をマスターして自らの知性を高めつつ、業界や特定分野の専門性を極め、情報技術や生成ＡＩをも使いこなす「世界最強・最先端」の知的エリートと自任していることでしょう。しかし、トップ5％の一流は、そうした方法論や専門性、情報技術だけでは及ばない領域にいます。

彼らはしばしば、他のコンサルタントが思いもよらなかった視点から真の課題を浮かび上がらせたり、誰も気づかなかった盲点を一瞬で指摘したり、ブレイクスルーやゲームチェンジの切り口を見出したりします。ごくありふれたテーマの検討であっても、ちょっとした違いやコンセプトをもたらします。

なぜ、そんなことができるのか。詳しくはのちほど説明していきますが、トップ5%の戦略コンサルタントは方法論や知識・情報に先立つ「ものの見方」が一般の戦略コンサルタントと根本的に異なります。私はそれを「思考態度」や「思考枠」と名付けています。それによって彼らは世界の見方を更新し、認識を一変させる「インサイト」を発揮できるのです。

インサイトの直訳は「洞察」「ひらめき」「直感」などです。革新的なアイデアや直感的ひらめきについて、天啓のようなものだと考えている人は多いと思います。しかし実は、インサイトを働かせるための思考態度や思考枠を理解し、インサイトドリブンで物事にアプローチすれば、**天賦の才がなくても認識や世界を変えるブレイクスルーアイデアを生み出すことができます。**それが本書を通じ、私が伝えたいことのひとつです。

私の専門は、いわゆる「戦略コンサルティング」です。大学を卒業してすぐ、ボストンコンサルティンググループの門を叩き十余年、その後、ドリームインキュベータの創業に参画して取締役を歴任してからベンチャー経営などにも携わりました。現在はクロスパートを創業し、超大企業からベンチャー企業まで、様々な規模や業種のクライアントに対して、課題解決、戦略立案はもとより、事業創造やイノベーション、ゲームチェンジなどを支援させていただいています。また、最近ではクロスサイトを創業し、未来を担うリーダー人材の育成に取り組んでいます。

戦略コンサルタントとして30年以上、多くの同僚、先輩、後輩やクライアント幹部、経営者を見てきた中で、この人は超一流と誰もが認め、一目置かれる人たちとそれ以外の人たちで何が違うのかを目の当たりにしてきました。

本書はもともと、**トップクラスの戦略コンサルタントの中から真の一流を育てることを企図して練り上げた門外不出の研修コンテンツをベース**にしています。それを誰にとっても有意義なものとなるよう新たに構成し、戦略コンサルタントの中でもトップ5％だけが見ている世界を描くと共に、優れた問題解決や創造的アイデアの導出に不可欠なマインドセット、ものの見方、考え方など、元来は職人技で暗黙知の領域であったものを形式知化して体系的にまとめています。私の30年以上に及ぶ戦略コンサルタントとしての経験を、偉大な先輩や同僚、後輩、出会った一流経営者の方々の叡智を加えて磨き上げ、言語化しました。つまり本書は、**私の目を通じた一流のベストプラクティス研究**でもあるのです。

ＡＩがビジネスに、社会に、いよいよ本格的に実装されていく時代を迎え、専門性を中心とした人間の頭脳労働の大半がＡＩに置き換えられていくとき、人間の知性に残される領域には、一体何があるのでしょうか。そのヒント、いやもしかするとすべてが、本書でお伝えする「思考態度」や「思考枠」の働きにあると考えています。

これからの時代に求められる、革新的なアイデアを生むためのインサイトドリブン――。それを戦略コンサルタントはもちろん、次世代を担うあらゆる人に伝えたいという思いから、本書を執筆しています。

本書が、日本が再び世界をリードする未来に貢献したいと願う、すべての人々の手元に届き、新たな時代を創るための一助となったなら、それ以上の喜びはありません。

金光　隆志

『戦略コンサルのトップ5％だけに見えている世界』　もくじ

第1章 ブレイクスルーアイデアを生み出すための「思考態度」

第2章 「思考枠」を広げて常識や定石の壁を突破する

第3章 トップ5%が駆使する「戦略思考三種の神器」

第4章 世界を一変させるインサイトに導く「コンセプト思考」

第5章 本質へと一気にたどり着く「インサイトドリブン」

おわりに　253

ブックデザイン　金澤浩二
編集協力　國天俊治

序　章

戦略コンサルの
トップ5％は何が違うのか

世に溢れる思考法をマスターすれば万事解決ではない

世の中には思考法やフレームワークがたくさん出回っています。少し挙げてみるだけでも、論点思考、仮説思考、デザイン思考、ロジカルシンキング、ピラミッドストラクチャー、ロジックツリー、フェルミ推定、戦略キャンバスなどがあります。これらは優れた思考法です。思考の生産性を高めてくれることは間違いありません。

戦略コンサルタントの仕事では、かなりの短期間でプロフェッショナルな問題解決を行うことが求められます。思考の生産性・効率性は生命線です。だからこそ、これらの思考法が開発され教育され、実際に一定以上の効果を上げています。

昨今はこの手の思考法の類書が数多く出版されていますし、大手企業なら企業研修などでも取り入れていて、昔に比べてはるかに普及しています。皆さんもこれらの思考法を学ぶ機会はあるでしょう。

でもこれらは、ゴルフでたとえるなら、せいぜい100切りの技術です。ゴルフをされる方ならピンとくると思いますが、大半のプレーヤーは平均スコアが１００以上で、なかなか１００を切れません。したがって、１００が切れたらそこそこのプレーヤーではあります。

一方、大半のゴルファーは一度も90を切ることなく終わります。ましてや、平均80台はゴルファー全体の十数パーセント、70台となると数パーセントしかおらず、１００切りレベルとは別次元です。かといって彼らは体格や運動神経に勝るわけではありません。では、何が違うのか。

アベレージゴルファーはスイングにこだわり、実際きれいなスイングをする人も多くいます。そして、飛距離やナイスショットを追求します。ところが、70台80台で回る上級者で、スイングにこだわっている人はあまりいません。一発の飛距離や会心の当たりにもあまり興味はないのです。実は上級者とアベレージゴルファーではゴルフとは何かの考え方が根本的に違い、ゴルフのスイングではなくゴルフそのものが異質なのです。

戦略コンサルタントも似たところがあって、思考法に頼ろうとするのはアベレージゴルファーがスイングの型や理論にこだわるようなものです。確かに、論点思考や仮説思考を身につければ平均以上で及第程度にはなれるかもしれません。

一方でトップ5％はゴルフでいうシングルプレーヤーのような存在で別格です。彼らも「○○思考」の基本は知っていますが、正直な話、実は「そういうのもあるよね」くらいにしか意識していなかったりします。**実際、トップ5％はそれら思考法の習熟度で別格のパフォーマンスを発揮できるわけではありません。**

では、トップ5％の戦略コンサルタントは標準的な戦略コンサルタントと何が違うのか。決定的かつ根底的に違うのは次の2つです。

①思考法に先立つ「思考態度」

②思考を非日常へと誘う「思考枠」

「思考態度」や「思考枠」は私の造語なので聞き慣れないと思いますが、トップ5％の思考の違い・特徴を端的に表現した思考特性に関わる概念なので、覚えておいていただくとよいと思います。

思考法より重要な「思考態度」とは何か

思考法に先立つ思考態度とは何のことか、詳しくは次章で見ていきます。ここでは、**思考法自体が優れた問題解決や創造性の源泉ではない**ことを理解しておきましょう。まずは、次の問いを考えてみてください。次ページの図1は何を表しているでしょうか。

論点思考、仮説思考、デザイン思考、ロジカルシンキング、ピラミッドストラクチャーなど、どれを使っても構いません。この図が何を表すか、うまく検討できたでしょうか。おそらく、うまく検討できないどころか、まったく使えなかったのではないかと思います。

いやいや、ビジネスの課題ではなく、こんなクイズごときでトップ5%の思考を語るのはいい加減だと思うかもしれません。しかし、ここには確かに、「考えるとは一体何をすることなのか」に関わる本質的な経験のほとんどが宿っています。

それが理解できたなら考えることそのものへの向き合い方や姿勢がガラリと変わります。

［図１］この図は何を表していますか？

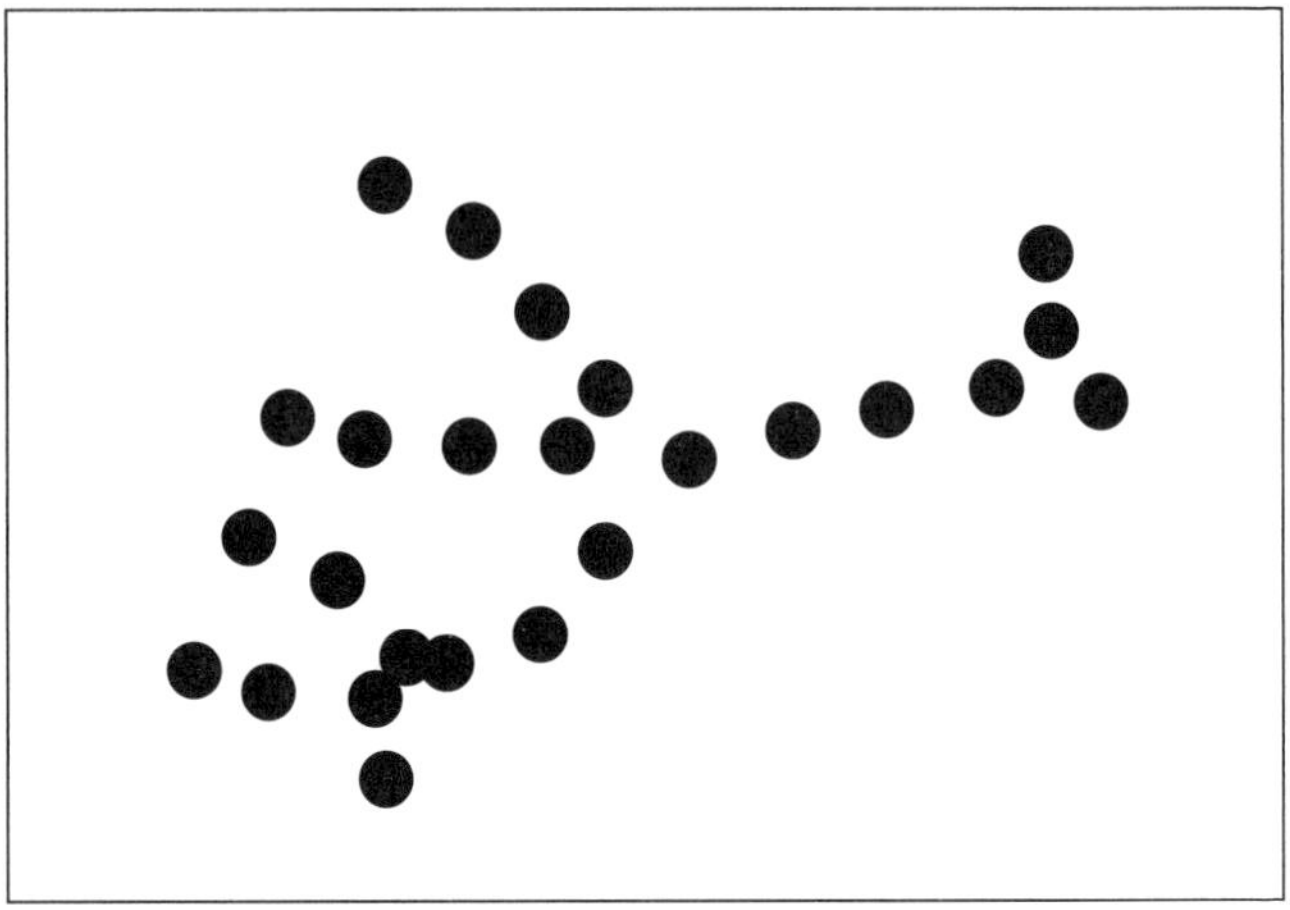

ゴルフにおいて70台80台の上級者がアベレージゴルファーとはゴルフの考え方がまったく異なるのと同じです。

ちなみに、私が実際に出会ってきたトップ５％の人たちの中にはこの手のクイズ好きは多く、しかもクイズ上級者も少なくないことを付言しておきましょう。

この問いに関する考察は次章で詳しく行います。

手順や方法論を応用しても画期的な新発見はできない

もうひとつ補助線を引いておきましょう。デザイン思考を例にとって考えてみます。デザイン思考とは、デザイナーやクリエイターの思考プロセスをビジネスに転用し、前例のない課題や未知の問題の解決を図ることです。その大きな特徴のひとつは、ユーザーや生活者の行動、体験に潜む隠れた課題・困難・妥協などを、論理だけでなく感性や感情、五感や身体も総動員で捉えて、解決策もユーザーや生活者の体験などに寄り添って検討していくことでしょう。

生活者理解のための調査や観察については、たくさんの方法論やフレームワークがありますが、デザイン思考における王道といえばエスノグラフィでしょう。エスノグラフィとは調査対象者の生活の場に実際に身をおいて、行動を共にしながら観察して記録する調査手法です。

この調査はもともと主に文化人類学の分野で、原住民をはじめとした異社会の生活様式や異文化、その根底にある価値観などを深く理解するための調査と記録の手法として発達してきたものです。それが当初は商品デザインを考えるための生活者観察・調査の方法として応用され、さらに大きな単位でビジネスや社会の変革の切り口を考える思考法や実践法へと転用されてきました。

デザイン思考やエスノグラフィ調査は、従来の論理的・合理的なユーザー理解を前提としたマーケティングの限界を超えるブレイクスルー方法論としてビジネス界に受容されました。これを行えば従来の消費者リサーチでは見えなかった生活者の真のニーズや課題が明らかになり、新商品やサービスのヒントがたちどころに得られる……。そんな魔法のような結果が期待されました。

でも実際のところ、方法論に沿って消費者観察したところで、それだけでは何も新しい発見なんか出てきません。新しい発見だと思っても、たいていは単に自分たちが無知だったがゆえに新しく見えただけで、「その分野の中では常識だった」なんてこともしばしばです。

では、デザイン思考やエスノグラフィ調査は有効ではないのか。そうではありません。方法論が悪いのではなく、何がダメなのかを簡単に言うと、**どんな方法論を使おうが観察**

者の目線・視点が日常ならば日常の風景しか見えないのは世の理なのです。観察する側の人間が観察対象のユーザーと同じような生活文化を背景に、大して違わない価値観やものの見方・感じ方でもって無自覚にその消費者の生活を観察したところで、見慣れた、聞き慣れた予定調和なことしか見えないし、行動の背後にある無意識の価値判断などに気づけるはずもありません。

お気づきかもしれませんが、元来エスノグラフィは原住民などに対する西洋文化人の強烈な異文化体験の記録であって、他者性の眼差しを通じて驚きを持って他者の文化や思考の異質性、逆に意外な同質性に気づく方法なのです。

そのため、ビジネスにおいて手順やかたちだけエスノグラフィの方法を消費者理解に応用したところで、それだけで画期的な新発見ができるなんて都合のいいことはないわけです。これまでは見えていなかったことを発見するうえで大事なのは、方法ではなく異質への他者性の眼差しなのです。

デザイン思考では「客観視点ではなくユーザーへの共感が大事」とよく言われますが、文化人類学者ならどちらも大事で、そのこころは、客観を得るためにも共感が必要と答えるでしょう。

そもそも「他者」のことを主観的・共感的に理解できる、理解すべきと考えるのは誠実なようでいて、かなりナイーブかつ傲慢な態度です。誰彼なく「お前のことわかる、わかるわ〜」などと言う人がいたら、少し胡散臭いでしょう？

いずれにせよ、根本の問いは共感が目的なのではなくて、本来わかりようのない他者や強烈な異文化をどうすれば理解できるか、そのための眼差しや方法の工夫です。デザイン思考にせよ、エスノグラフィ調査にせよ、方法論自体はそれだけを取り出してもニュートラルなものなのです。

なお、余談ですが、ティム・インゴルドという人類学者は、他者や世界を「客観的」に「観察」「理解」できるという考えのほうが傲慢で間違っているとして、『自ら世界に飛び込み、「共感」「応答」を通じて、「理解」ではなく「自分自身」が「生成変化」を遂げて新しい「世界を作る実践」こそが大事だ』と言い、人類学の新潮流を生み出しました。この路線に則り、社会課題の解決を志向するのはひとつの有力な考え方で、それがデザインアプローチの可能性の中心であることを付言しておきます。

戦略においてロジックよりも重要なもの

いかがでしょう。論点思考、仮説思考、デザイン思考といった思考法を方法論として学ぶだけでは十分な問題解決力や創造性の発揮はおぼつかなさそうではないですか。実際、問題解決力や創造性の発揮には、思考法に先立つものが決定的に重要です。

トップ5％だけが備える「思考態度」、その実際と詳細はのちの章に譲りますが、その特徴をまとめておくと、大きくは次の2つです。

①思考の本質を捉える「思考とは何かの思考」
②思考の限界を突き破る「思考を止めない思考」

トップ5％だけが備える思考態度など自分には無理だろうと思うかもしれませんが、身構える必要はまったくありません。身も蓋もない言い方をすると、好奇心旺盛な子どものような思考態度なのです。そう言うと、鋭い人は余計身構え、ピカソの言葉を思い出すかもしれませんね。ピカソは次のような言葉を残しています。

「子どもは誰でも芸術家だ。問題は大人になっても芸術家であり続けられるかだ」

そして、晩年に「この歳になってようやく子どものように絵が描けるようになった」「ラファエロのように描くには4年かかったが、子どものように描くには一生涯かかった」と語ったとされます。過剰な比喩は禁物ですが、示唆的ではないでしょうか。

ところで、戦略コンサルタントは「ロジックが命」というイメージがあるかもしれません。実際に戦略コンサルタント自身の中にもそう考えている人はたくさんいます。ところが、戦略にとって、ロジック以上に重要なものがあります。それは「インサイトが導く創造性」です。最近の戦略コンサルタントしか知らない人には意外に聞こえるかもしれません。でも、少し考えてみるとわかります。

ロジックは一定程度までなら誰が考えても同じような結論にたどり着きます。つまり、正論や正解を導きます。だからこそ有用なのですが、戦略はやっかいなことに競争相手と同じことを考えていては勝てません。競争相手の裏をかいたり、相手が思いもよらない手で先手をとったり、相手が気づいたとしても模倣できないことを仕掛けるから成功するのです。**論理的に正しいことよりも、一見ハチャメチャでも思いがけない創造性がある戦略**

のほうがずっと有用かつ重要なわけです。とても大事なことなので頭の片隅に置いておくとよいでしょう。

「思考枠」を広げると日常の風景は非日常化する

「思考枠」も聞きなれない言葉だと思います。ひとまず、どんな範囲で思考するかなどの思考のフレームや前提といったイメージで捉えてください。これでもわかりにくいでしょうから、トップ5％の思考枠と標準的な戦略コンサルタントの思考枠に分けて図式化してみました。

【標準的な戦略コンサルタントの思考枠】

図2は、標準的な戦略コンサルタントなら、だいたいどんなプロジェクトでもこうした枠組みやイメージで思考するだろうという思考枠を表しています。最初に、顧客が抱える課題、検討したいテーマ、アジェンダがあります。それが出発点です。

［図2］標準的な戦略コンサルタントの思考枠

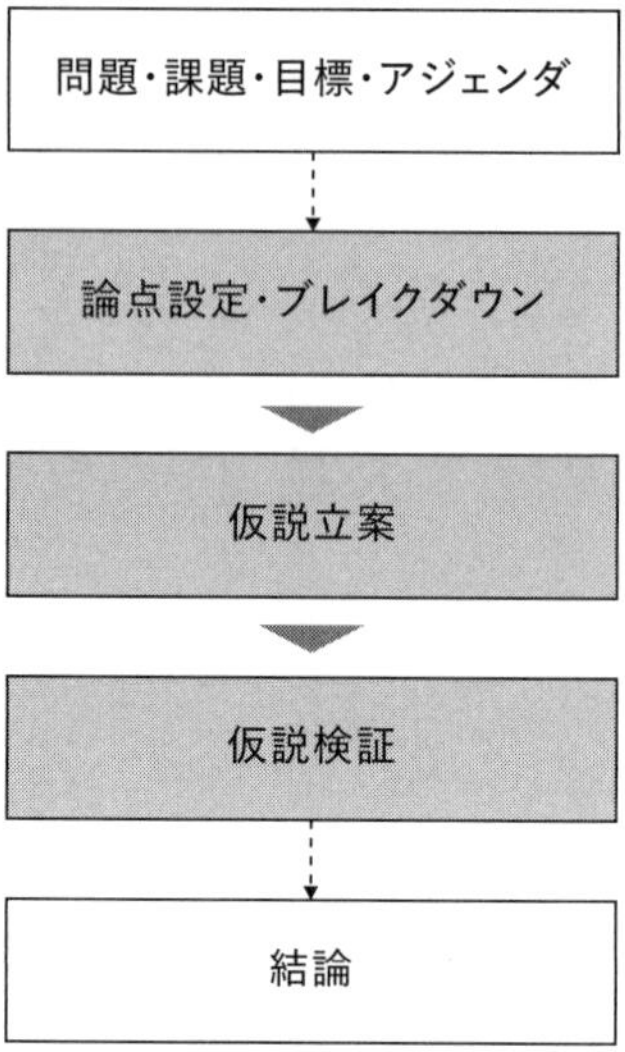

その課題やアジェンダをそのまま唸って考えていても埒があきません。そこで最終的に解決すべき課題をアプローチ可能な小単位の論点にブレイクダウンします。大論点を下位の小論点に論理展開していくイシューツリーはその典型です。そして、小論点の問いに対して、仮説を考えられる場合は仮説を考えて、仮説の「イエス」「ノー」を検証するための調査や分析を論理的に設計し作業を進めます。すべての小論点に対して検証が進めば最終的な大論点・課題への答えも導かれるという算段です。

これ自体、間違ってはいませんし、

誰しもが実行可能で着実に解に向かうアプローチです。実際、指導すれば駆け出しのコンサルタントでもある程度できるようになりますし、イシューツリーは、プロジェクトマネジャーにとってもプロジェクト全体を掌握して効率的・安定的に進捗管理ができる有効なツールです。**普通の問題に正論で答えることで事足りる場合はこれだけで大丈夫**です。でも、普通に正論しか出てきません。

【トップ5%の戦略コンサルタントの思考枠】

次に、トップ5%の戦略コンサルタントの思考枠です（図3）。標準的な戦略コンサルタントのアプローチでは論点のブレイクダウンから入るのに対して、**トップ5%はしばしば最初の課題設定自体を疑い、問うところからスタート**します。そして、問題をリフレーミングします。その詳細や問いなどの前提を問う具体的な方法についてはのちの章で解説しますが、ここでは具体例で違いを実感していただきましょう。少し長い事例になりますが、ご容赦ください。

ある加工食品分野で上位2社がしのぎを削るシェア争いをしていました。どちらも標準品とプレミアム品を展開しており、プレミアム市場が全体の2割、標準市場が8割という状況でした。そんな中、2社のうちの1社は消費者調査によって、標準品ユーザーの中には標準よりいいものを使いたい、プレミアムがいいけれど高過ぎると考えている人が4割も存在することを発見します。

そこで、この会社は標準品とプレミアム品の間の価格帯に準プレミアム品を投入し、競合が2商品ラインのところ3商品ライン展開することで、「プレミアムを使いたいけれど高過ぎる」という先ほどの4割のユーザーを取り込み、シェアを一気に増やすことを考えました。ブランドマネジャーは経営会議での承認を得て商品開発を進め、満を持して準プレミアム品を投入しました。

しかし、結果は惨憺たるもので準プレミアムは市場全体の3%しか浸透せず、マーケティング費用だけが嵩み、事業全体の収益は低下してしまいました。この施策は経営トップも関わる重要案件であり、何としても成果を出さないといけません。傷が深まる前に提供価値の見直しや商品リニューアルなどによって準プレミアム商品の市場リポジショニングを講じることが考えられました。

［図3］トップ5％の戦略コンサルタントの思考枠

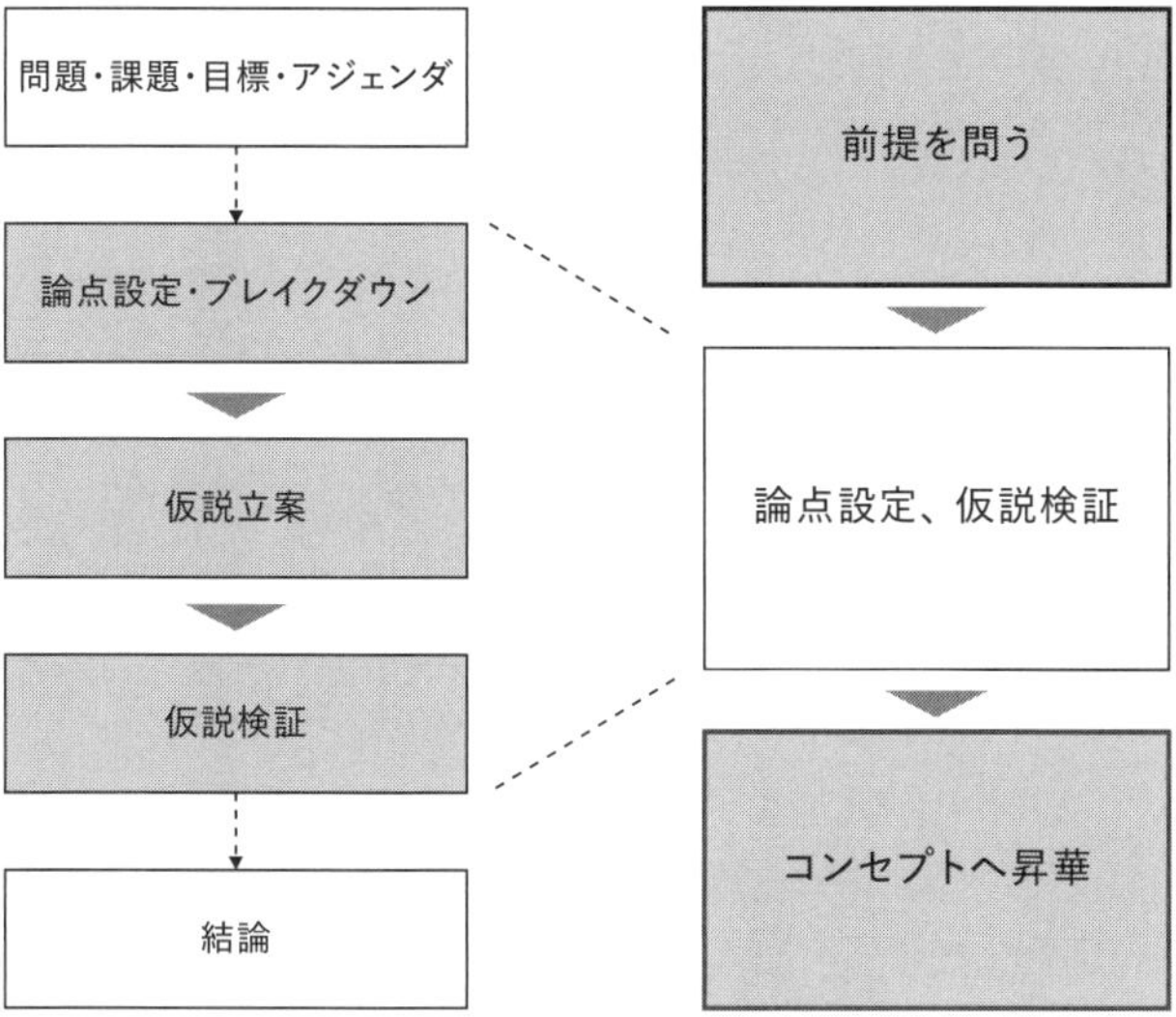

実はこの事例のようなことは、どんな事業でも会社でも大なり小なり起こっている、ごく日常の風景です。この状況で、苦戦している準プレミアム品をどう巻き返すか考えるのは自然です。そして、ひとたび「準プレミアム品をどうリポジショニングするか」と問い＝思考枠をセットしたら、その外を考えるのはなかなか難しいと思います。**では、一瞬であなたの「思考枠」を拡げて、非日常化してみましょう。**

もし、あなたが競合の立場だったらここでどういう打ち手を考えますか？準プレミアム品で対抗品の投入を考えますか？

いやいや、それ、ちょっとおかしいかもと思いませんか。準プレミアム品を投入した自社からの視点とは随分と風景が違って見えるはずです。

実際の検討詳細は割愛しますが、私たちはこのような**「課題の前提を問うこと」から始まって、顧客にとって想定外の戦略にたどり着きます。**

「3商品ラインはいい」が、「準プレミアムは終売」、その代わり、「ニーズがすでにあるプレミアム品の平均実売価格を3割値下げ」して、「準プレミアムよりも高いが、欲しかったプレミアム品が手の届く範囲になる客」を取り込み、その後に「従来プレミアム価格より少し高いスーパープレミアム品を投入」という戦略にたどり着きました。

これによってプレミアム品の市場規模は1・5倍になり、そこでシェアを大きく伸ばし、新たに投入したスーパープレミアム品は当初、市場全体の1割弱程度の浸透でしたが、競合商品がなかったため1割の顧客を独占。結果、売上も収益も大きく伸ばすことに成功しました。

「準プレミアム品をどうリポジショニングするか」という思考枠からは、「準プレミアム品の商品特徴や提供価値をどうリニューアルし、どう価格付けするか」などの問いが導かれます。その問いに基づいて調査や企画を進めれば、必ず何がしかの答えが得られます。

しかし、その場合に出てくる答えは、最初の思考枠の外へ出ることは決してありません。出てくるのは、「準プレミアム品をどうリポジショニングするか」についての正しい答えです。

思考枠の設定がいかに思考の範囲や質を規定するか、少しご理解をいただけたでしょうか。「そもそもの問いをひっくり返すとかくだらない。インチキじゃないか」と思う方もいるかもしれません。確かに、**思考枠の外の思考はコロンブスの卵**みたいなところがあります。でも、だから効果絶大なのです。これを「インチキ」と感じ、「与えられた問いに答える正しい思考」をしなければならないと思うこと自体、正当や正解という価値規範に関わる思考枠にとらわれている証でもあります。

余談ですが、消費者調査に基づいて手を打っても結果が出ないことはよくあります。そこで「消費者調査なんてあてにならない」「客観分析ではなくて主観的な構想が大事だ」云々と飛躍した論理を展開される方もいます。お言葉ながら、構想とは常に主観によるのであって、この手の論理は単に調査や客観分析を否定しているだけなのですが、少なくともこの事例では消費者調査と矛盾がないどころか、**消費者調査結果に基づき、かつ準プレ**

ミアム品が受容されないという事実も素直に受け止め、「これらが無矛盾だとすると」と客観的事実から論理を愚直に追って誕生した戦略とさえ言えます。

ここで疑問に感じるかもしれません。戦略においてはロジックではなく創造性が大事なのではなかったか。そう思った方は鋭いですね。確かにロジカルシンキングやピラミッドストラクチャー、MECEなどで論じられているカッコ付きの「ロジック」は大した話ではありませんが、ロジックを突き詰めることはとても大事です。創造性やブレイクスルーのパワフルな武器になります。その話はまたのちの章で考察しましょう。

トップ5%は見えている世界が違う

さて、ここまで見てきたようにトップ5%は「思考態度」や「思考枠」の違いによって、標準的な戦略コンサルタントが思いもよらなかった視点から真の課題を浮かび上がらせたり、誰も気づかなかった盲点を一瞬で指摘したりします。

そして、それまで誰もが当たり前と思っていた業界慣習や事業のあり方、顧客への価値提供の仕方やビジネスモデル、現在の業界構造を前提とした競争優位の条件などの常識・定石を疑い、**もはや打ち手がないかのような八方塞がりの状況でも新たな戦略によるブレイクスルーを導き出したり、事業定義そのものを更新するようなゲームチェンジの切り口を見出したりします。**大げさに言えば、世界の見え方が変わり、それまで見ていた日常の風景が非日常へと一変します。

大風呂敷を広げましたが、本当か否か、興味を持った時点で、あなたはすでにトップ5％の思考に一歩近づいています。焦らず一歩ずつ進みましょう。

そして、トップ5％の思考は、世界の見方を更新し、日常の風景を非日常へと一変させる潜在力を秘めているか、それは誰しもが実践可能か、ご自身で判断ください。

それではまいりましょう。

ようこそ、戦略コンサルのトップ5％だけが見ている世界へ。

Column 1

導かれるように進んだ、戦略コンサルタントの道

経済学の書棚に並んだ赤い背表紙の一冊の本。

それが自らの人生を大きく変えることになるとは、想像もしませんでした。

当時、大学の法学部生であった私は、大型書店にしょっちゅう通っていましたが、いつもなら脇目も振らず政治か哲学のコーナーへと向かうのに、その日はなぜか経済学の棚に足が止まったのでした。

次の瞬間、私の目に飛び込んできたのが、ボストンコンサルティンググループ（BCG）の創業者ブルース・D・ヘンダーソンが記した『経営戦略の核心』（ダイヤモンド社）でした。

何気なく手に取り、ぱらぱらとページをめくって、私はその本を買うことにしました。

経営に何の関心もなかった自分が、なぜ経営書を買ったのか。いまだに合理的な説明は難しいのですが、強いて言うなら「戦略」という言葉があったからで

しょうか。国際政治戦略論に興味があったため、センサーにひっかかったのかもしれません。単純なものですが、家に帰って一読したときの衝撃は、いまだに覚えています。

経営戦略とは、なんとダイナミックなのだろう。

ビジネスの世界に、これほど頭の切れる人がいるのか。

そうして、いてもたってもいられず、何が何でもこの本の著者がいる会社に入りたいと思いました。

それが私と経営戦略との出会いです。

当時、ＢＣＧは私の住む関西では新卒を募集していませんでした。そこで私は大学卒業生名簿にあたりました。個人情報保護も何もなかった牧歌的な時代、ご丁寧に勤め先と住まいの住所が載っていました。一人だけいたＢＣＧ在籍者を見つけ、その先輩に熱い思いを綴った手紙を出しました。しかし残念ながら、音沙汰なし。まあ、急に知らない奴から手紙が届いたら気持ち悪いですよね（苦笑）。

ところが、偶然にも東京の大学の友人から「東京ではコンサルティング会社が流行っていてマッキンゼーやＢＣＧが新卒を募集している」との情報を聞きつけました。

「自分は関西にいるけれど、どうしても応募したい」とBCGに直談判して、おそらく関西から一人だけ応募が許され、インターンの採用試験を経て入社にこぎつけました。思えば、ずいぶんユニークな就職活動でした。


さて、いざBCGに入社してみると、東京事務所のコンサルタントの数は30人ほどで、同期入社は3人だけ。今とは比べられないほど小規模でしたが、入社したてのコンサルタントにもゆったりした3人ずつの小部屋と大きな机が与えられ、会社というよりも文字通りプロフェッショナルファームというイメージでした。当時は新卒教育プログラムのようなものは存在せず、3日間のオリエンテーションのあとに、いきなりプロジェクトにアサインされた記憶があります。

最初はまったく何もできませんでした。初めて会議に参加したときなど、目の前で激しく交わされている議論の中身がわからず、メモすら取れない状態でした。

それでも優秀な先輩たちの見よう見まねで、少しずつ戦略コンサルタントとして成長していくのですが、そんな中でわかってきたのが、自分の「思考の癖」です。自分はどうやら、目の前のビジネス課題に対し、直接の解決策を出すだけでは満足できないらしい。

思えば若手時代から、コンセプトについて研究するのが大好きでした。当時、BCGでは『展望（英名：Perspectives）』というビジネスエッセイが不定期に発行され、世界中の顧客や潜在顧客へ無料で送付されていました。『展望』はほんの数ページの小さな冊子なのですが、その内容は凄まじいほどに濃く、特にブルース・D・ヘンダーソンが書いていた初期のナンバーは、その時代における最先端のビジネス課題に対する深い洞察に満ちていて、刺激的でした。

私は入社して早々に、『展望』の創刊号から最新号まですべてを事務所の倉庫から持って帰り、何度も繰り返し読んで、そこで展開されている思考をトレースしました。そして、ビジネスを原理的に考えるとはどういうことか、具体的な事象からいかにして斬新かつ汎用性のあるビジネスコンセプトが導き出されるのか、考えに考えました。深夜まで仕事をして家に帰り、そこから『展望』を読んでは考え、いつのまにか朝を迎える日もしょっちゅうありました。

その原動力となったのは、ビジネスの本質を深く理解し、掘り下げ、解明することへの好奇心であり、自分もいつかはブルース・D・ヘンダーソンのような戦略コンセプトを生み出せるコンサルタントになりたいという、並々ならぬ野心でした。

振り返ってみると、物事を理解する際に常識の範疇では満足せず、原理的、本質的に解明しようとする知的好奇心は偉大な先輩、後輩問わず、間違いなく皆に共通する資質だったと思います。そして、今も昔もそんな仲間たちと一緒に先端のビジネス課題にチャレンジを続けられているのは幸せなことだと思います。

一冊の本と出会い、何かに導かれるようにして進んだ戦略コンサルタントの道は私にぴったりと合っていました。紆余曲折もありましたが、一度たりとも後悔したことはありません。私は今でも頭のてっぺんからつま先まで戦略コンサルタントであり、これからも変わることはないでしょう。

第1章

ブレイクスルーアイデアを生み出すための「思考態度」

トップ5%の考える力を考える

この章ではトップ5%のパフォーマンスの源泉のひとつである「思考態度」について詳しく考察していきます。

標準的な戦略コンサルタントとトップ5%でまず異なるのは、考えるという行為に関する基本認識です。考えることに興味のある人なら誰しも一度は、「考えるとは何か」を考えたことがあるでしょう。そして、知識や解法パターンなどに頼るのではなく、よりよく考えるために、論点思考、仮説思考、ロジカルシンキング、クリティカルシンキング、デザイン思考などにたどり着いたのではないでしょうか。

では、それらを学べば考える力そのものが高まるのか。答えはノーです。その前提に立ち、考えるとは何かを原理的に理解することで、よりよく考える力を身につけていくきっかけを掴むため、次の2つの問題（図4）を解きながら、考えるとは何かを考えてみてください。

［図4］考える力を考えるための問題①

問1 この図は何を表していますか？

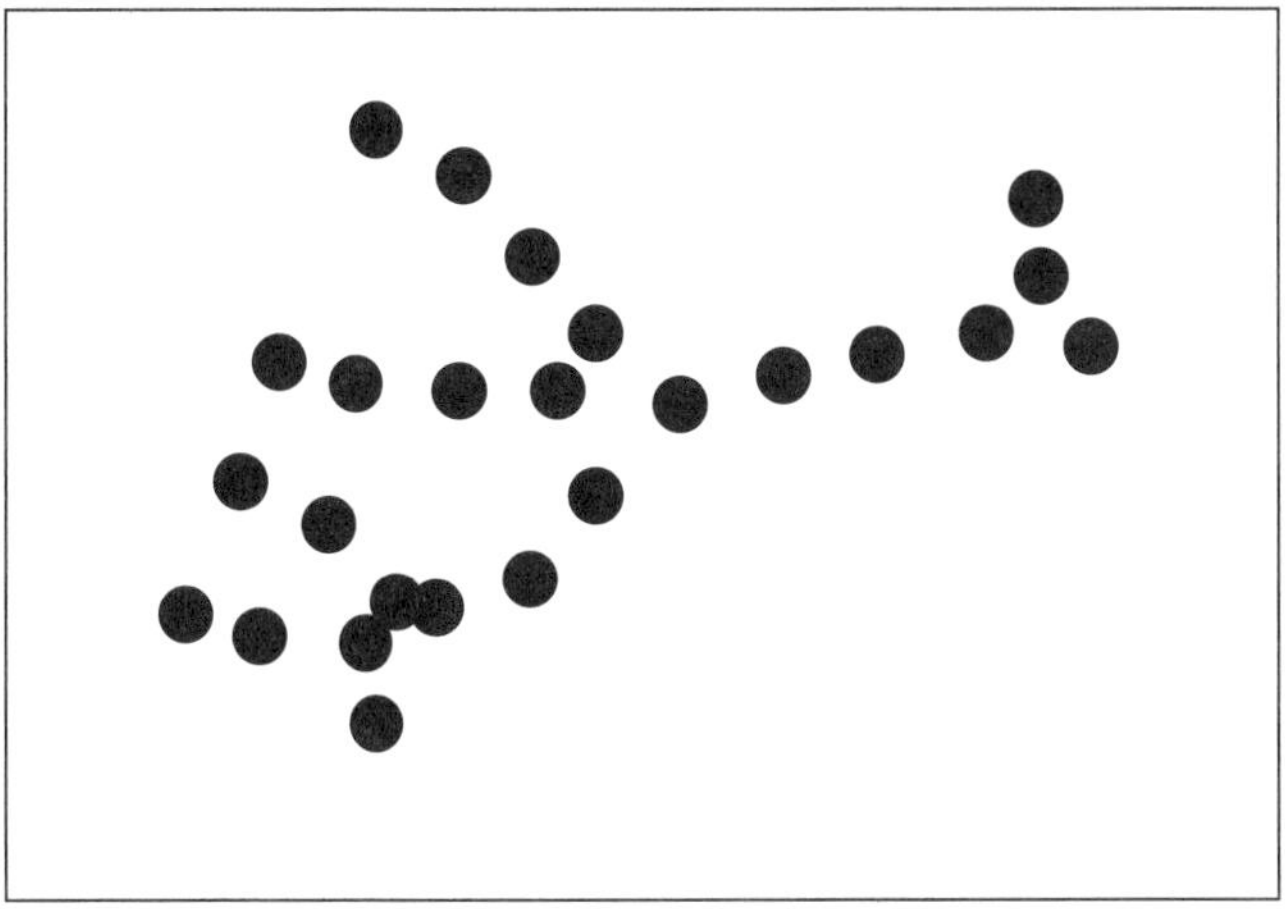

問2 次の言葉を2つのグループに分けてください

勝負	ごみ
命	さじ
円盤	勝ち

問1は序章の問題の再掲です。論点思考、仮説思考、ロジカルシンキングなどでは手も足も出ないことは明らかです。むしろ、この点のかたまりをただ眺めているだけのほうが何かが見えるかもしれません。ある人は魚、ある人はカブト虫、ある人はヘリコプターに見えると言います。

問2もやはり特定の思考法で考えようとしても埒があきません。一見すると、何の脈略もなく単語が並んでいるように見えます。しかし、この無秩序な単語群に対し、意図的に法則性を見出そうとするとどうなるか。漢字の有無、かたちの有無など思いつくかもしれません。

どちらの問題も正解があるわけではありません。ただ、問題作成者の意図はあります。問1は、図形を反時計回りにぐるりと90度回転させてみます。どうでしょう。誰にとっても同じものが見えたのではないでしょうか。答えは「キリン」です(図5)。問2は「投げる」「拾う」という括り方で分類すると、無秩序に並んでいた言葉が急に秩序を獲得して、すっきり並んだように感じます。

［図５］考える力を考えるための問題①の答え

問1 キリン

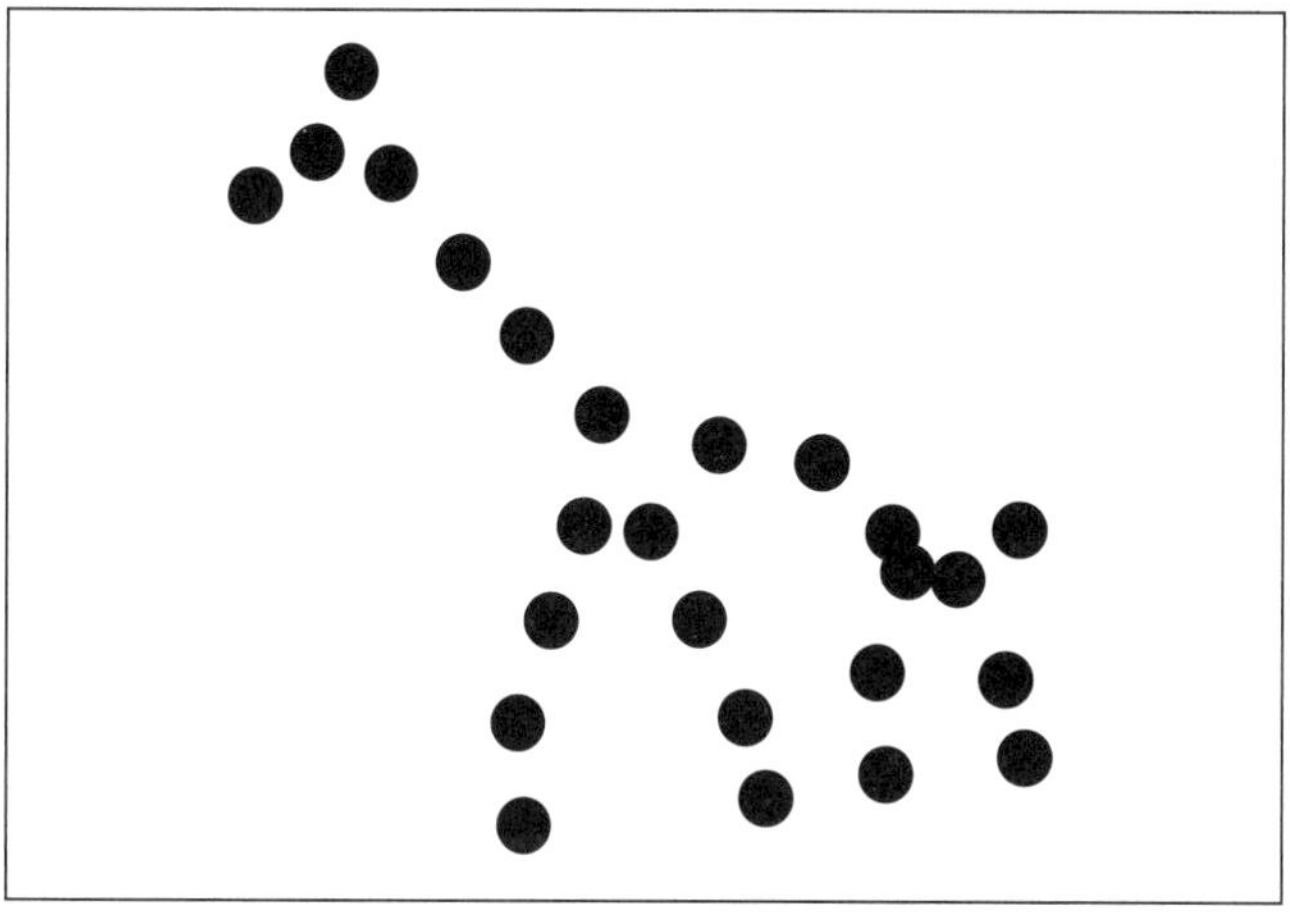

問2「投げる」と「拾う」で分ける

投げる	拾う
さじ	ごみ
円盤	勝ち
勝負	命

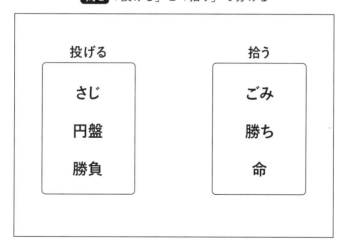

「考える」とは「パターン認識」すること

さて、2つの問いを考えました。問いを考えていた自分自身をメタレベルから眺めて考えてみてください。「考える」とはどういう行為だったでしょうか。あなたは「考える」という行為において何をしていたでしょうか。

哲学問答のようでもどかしいかもしれません。でも、それが考えるということです。問1では何の「かたち」に見えるか、視点を動かすなどして試行錯誤しました。問2では無秩序に見える単語を何かで「グループ」に括れないか、共通項を模索しました。具体的にやっていたことはそれぞれ異なります。ですが、その行為をひとつ上のメタレベルから抽象度を上げて考察すると、次のような結論が浮かびます。

「考える」とは、すなわち「パターン認識」をすることです。それ以上でも以下でもありません。**パターン認識とは、複雑な情報の中に特定の規則性や類似性を見つけるプロセス**です。

批評家の浅田彰先生は著書『構造と力』（勁草書房）の中で、大学や大学生のあり方をめぐる論考に関連して次のように述べています。

「普段さほど気にもとめずに通り過ぎている世界の一隅を、新しい角度から照らし出し、くっきりしたパターンを浮かび上がらせること。実際、大上段に構えて言えば、『もの』が『物質＝エネルギー』であるとすると、『もの』の『かたち』、空間的・時間的パターン、それこそが最広義の『情報』に他ならないのであり、大学が情報の生産と伝達の場である以上、あなたがそこで参加するのは『かたち』を見定める作業以外の何ものでもない」

私は大学生のころに初めて『構造と力』を読んで、学術書然とした本編に比べて軽いタッチで書かれた「序にかえて」におけるこの一節の深みにはまったく気づきませんでした。しかし、ＢＣＧに入って、天才としか思えない先輩たちを見て、どうすれば自分も彼らのようにクリエイティブに考えられるようになるかを暗中模索していたとき、たまたま読み返したこの一節に「これだ！」とインサイトを得たのでした。

当時のＢＣＧは「世界で最も創造的な戦略ファーム」として名を馳せていて、実際どんなプロジェクトにおいても、「一見○○のように思えますが、実は××なのです」といった、それまでの常識や定石的見方を覆すような視点や切り口が求められていました。

先ほどの2つの問いにおいても、さほど気にも止めずに、無造作に並んだ点や言葉を日常的な意識や認識フレームで眺めているだけでは何も気づきません。ランダムな情報の海でしかないのです。しかし、意識を向けて目を凝らし、何らかの視点や切り口により新たな角度から照らし出し、くっきりしたパターンを浮かび上がらせようと考えることで、**無秩序の中に「意味」を伴って新たな「かたち」が見えてくる**可能性が生まれます。

ここまで見てきた通り、考えるとは、何かを深く考察し、メタレベルから思考を巡らせて、パターン認識を実践することです。それこそが、**優れた思考を行ううえで、特定の思考法に先立って備えるべき基本的な思考態度**です。

ちなみに、専門性はその分野に特有の蓄積・確立されたパターン認識方法であり、分野特有の知識とモノの考え方（「認識スキーマ」と言います。後述します）からなります。

医学において、つけられた疾患名は病状に対するパターン認識の結果です。そして、医師が検査という方法とデータからある疾患と判断するのは認識スキーマです。同じような症状に対して西洋医学と中国医学では疾患名も診断方法もまったく違います。どちらが正解というよりも、異なるパターン認識と認識スキーマなわけです。

ビジネスにおいても、たとえば古典的な競争優位論において、実際の市場での戦い方やポジションの取り方に重点を置く構造の戦略・競争優位論と、実際の市場での戦いよりもそれを実現する企業や組織の能力、組織風土などに重点を置くケイパビリティの戦略・競争優位論があります。どちらが正解でもなく異なるパターン認識・認識スキーマなのです。

あとで説明しますが、パターン認識力の獲得に手っ取り早いのは専門性の習得です。しかし、本書では、**より汎用性の高い思考力を求める方のために、パターン認識のパターンをメタ認知（客観的な認識）して整理**しておきます。これを知ったらできるようになるわけではありませんが、インデックスとして想起するだけでもパターン認識の一助にはなると思います。図6と実例も参照ください。

【関係性】

◉法則：（例）変化の関数関係性のパターン認識

[図6] パターン認識のパターン

形式論理性	演繹	**例：三段論法パターン認識** ・ソクラテスは嘘をつく。なぜなら、人間は嘘をつく。そして、ソクラテスは人間である
	帰納	**例：帰納的パターン認識** ・猫のタマはツナが好き。ミケはささみが好き。シロは葉っぱが好き。どうやら猫は雑食らしい
2つ以上のもの・ことの間の関係性	法則	**例：変化の関数的パターン認識** ・ケプラーの法則、ニュートンの法則、$E=mc^2$
	因果	**例：原因と結果の関係性パターン認識** ・低気圧の日に高確率で頭痛になる➡頭痛の原因は低気圧だ
2つ以上のもの・ことの間の共通性	グループ	**例：共通性、時間的空間的近接性などによる群のパターン認識** ・同じ色、かたち、共通に含む要素、地理的隣接
	類似	**例：異質なものの間の形態的、構造的、性質的類似などのパターン認識** ・将棋➡チェス、F1のピット作業➡救急救命室

[図7] 考える力を考えるための問題②

問3 次の「?」に入る数字は何でしょうか

3　1　4　1　5　?

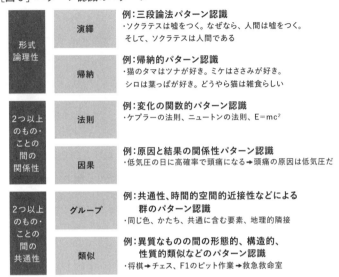

◉因果：(例) 原因と結果の関係性のパターン認識
【共通性】
◉グループ：(例) 特徴共通性や時間的空間的隣接などによる群のパターン認識
◉類似：(例) 異質なものの間の形態上、構造上、性質上などの類似のパターン認識
【論理性】
◉演繹：(例) 三段論法的パターン認識
◉帰納：(例) 枚挙法的推論≒帰納によるパターン認識

認識したパターンをあえて壊し、新たな切り口を見出す

さて、「考える＝パターン認識」については、まだまだたくさんの学ぶに値することがありますが、それだけで一冊の本になるので、ここではあとひとつ、大事なことを確認しておきましょう。そのためにも、問3の解答を考えてみましょう(右ページ図7)。

いかがでしょう。パターン認識としては簡単過ぎたでしょうか。ちなみに答えは「1」

ではありません。実はこの問題は「法則」を考えるという思考を捨てなければ問題作成者が意図する答えにはたどり着きません。思考の切り口を変え、数字を並びではなく、かたまりだと考える必要があります。「3」と「1」の間に小数点を打つと気づくのではないでしょうか。

有名なクイズなので答えを知っていた方も多いかもしれませんが、答えは「9」です。知らない人のほとんどは、「1」ではないと言われても気づけません。それほど思い込みは覆しがたいわけです。今の思考プロセスを図式化しておきましょう（図8）。

パターン認識は思い込みやバイアスと紙一重です。バイアスを逆手にとって活かす高等手段もあるのですが、それはまたのちほど考察するとして、ひとまずはパターン認識したら常にバイアスの可能性を疑い警戒する慎重さと、認識したパターンをあえて捨てて壊し、新たな切り口で考える大胆さが必要です。それが思考態度として身につくと、かなりの上級者です。

先ほど紹介した浅田彰先生の著書『構造と力』の一節には続きがあります。

「……（前略）出来れば問題そのものをズラせてしまうこと。そんなことをすればせっか

［図8］新たな切り口で新たなパターンを認識する

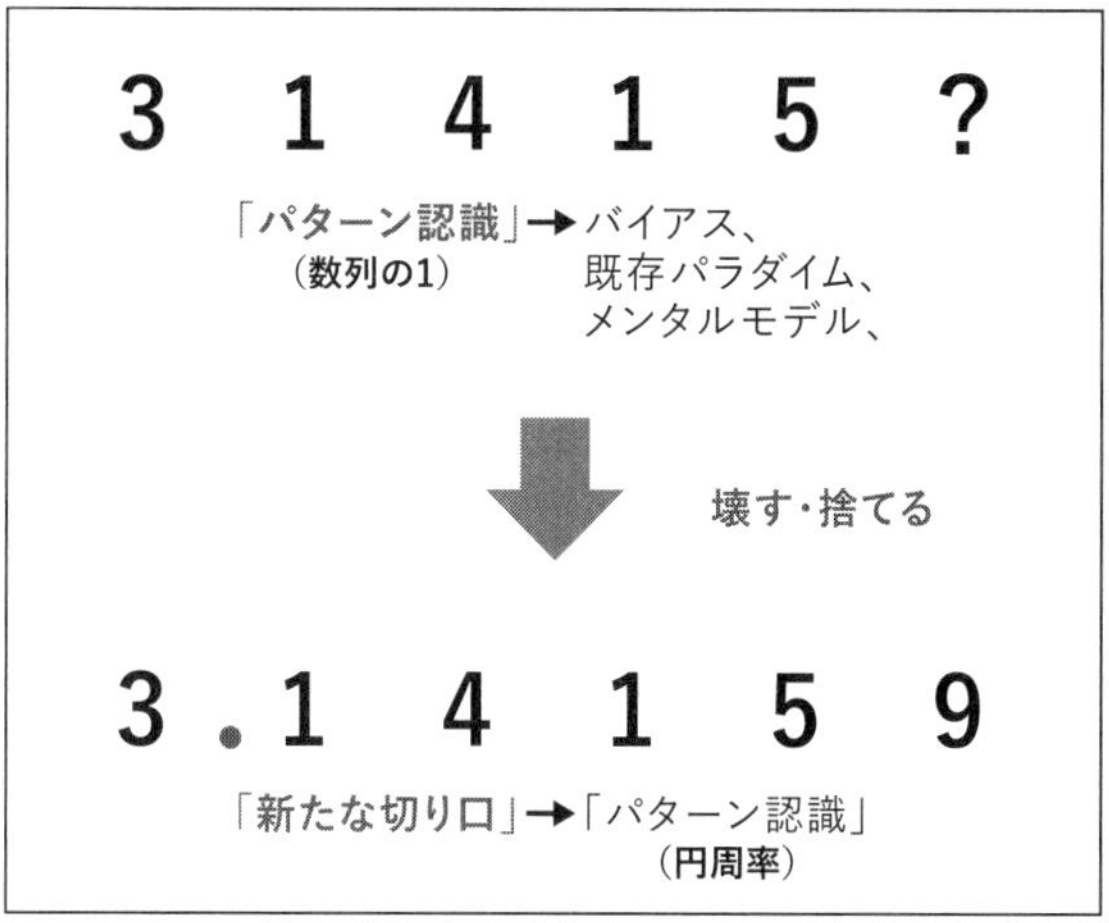

く抽出したパターンが乱れてしまうと思うかもしれない。心配は無用だ。ひとつのパターンを後生大事に守り抜くことは寺院にこそふさわしい。大学は出来上がったパターンをズタズタに切り裂く場所でもあるのだ。画布を破り捨てる用意のある者だけがすぐれた『かたち』を描くことができる」

優れた思考態度のすべてがここにあると言っても過言ではありません。パターンを認識しては、それを疑い、ズラして壊し、従来と違う切り口から光を当てて新たな、あるいは異質なパターンを認識して、さらに……と繰り返していくことが大切なのです。

ところで、序章で加工食品の事例を挙げて思考枠として紹介しましたが、本章を踏まえると、前提としているパターン＝フレームをメタ認知し、「本当か？」と疑い、ズラして壊す思考態度にも関連しています。実際、**思考枠と思考態度は密接にリンク**します。硬直的な思考態度からは狭い思考枠しか出てこないし、逆も真ということです。


ここまで、「考えるとは何か」の問いからスタートして、パターン認識を切り口として思考態度を考察してきました。トップ5％の戦略コンサルタントは大なり小なりこのような思考態度を備えています。パターンをどの程度意識しているかは人それぞれですが、トップ5％の中には「一見○○に思えるが、実は××なのです」「切り口を変えて見てみると△△が浮かび上がります」といった具合に、世界の見方を更新する思考を得意としている人が圧倒的に多いのは事実です。そして、「一見○○に思えるが、実は××」という思考は、ものの見方をメタから認知してパターンとして理解することで可能になります。

広義の「情報」の「かたち」を見定めるパターン認識の思考態度、そして、「従前の見方」によるパターンを捨てて、「今までと違う切り口や見方」で今までと違うものを見て、その認識を「新たなパターン」として理解する創造的思考態度が働いていることがわかります。

アブダクションとインダクション──2つの思考モデル

標準的な戦略コンサルタントとトップ5%の思考態度の違いについてはここまでの説明を理解するだけで十分ですが、思考についてもう少し理論的に理解したい方のために、パターン認識を中心とした思考をモデル化しました(図9)。専門性のパターン認識と創造性のパターン認識の関係がすっきりわかるはずです。

ここまで理解を進めれば、今後、自分の思考をメタレベルで認識して効果的に思考のマネジメントを行う一助となるはずです。ただ、説明はかなり抽象的になりますが、まずは図の概略を説明します。

思考は、現実世界を情報として受け取り、ロジックやメタファなどで情報の解釈を試みます。解釈にあたっては、過去の経験や記憶・知識を援用し参照して、類似性や法則性が

［図9］思考のモデル

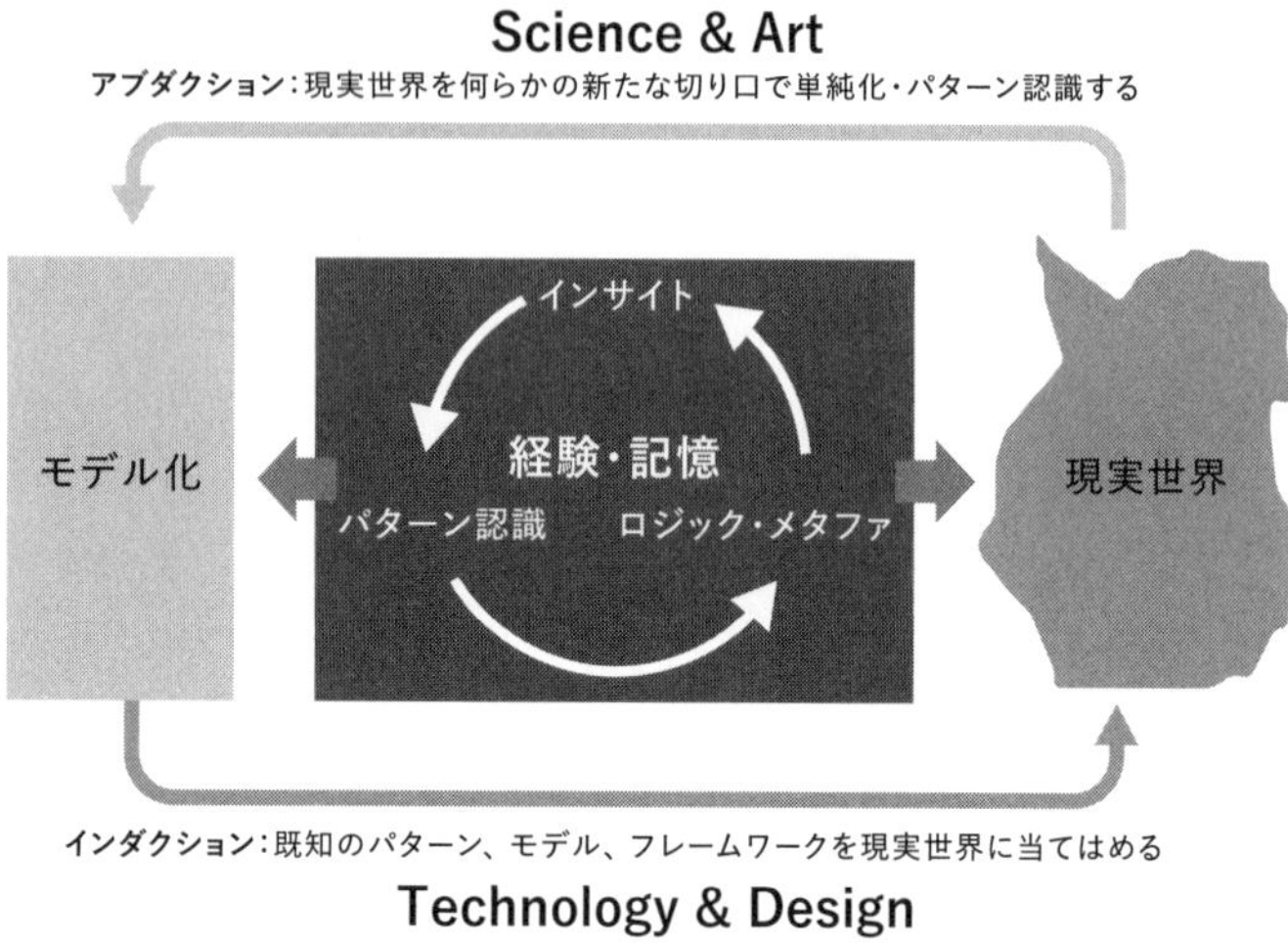

ないかなどを模索します。類似性や法則性などインサイト（洞察）を得たらそれをパターンとして理解します。これによって現実世界の複雑な情報が単純化・抽象化され、「かたち」となって、理解しやすくなります。

パターン認識にあたり、既知のパターンや法則、モデルなどを現実世界に当てはめて解釈する思考はDesign & Technologyと相性がよく、インダクション思考に近いものとなります。

一方、現実世界を、今までとは異なる視点や切り口などで解釈し、既存にはない新たなモデル化の可能性を秘めたインサイトが得られた場合、その思考はScience & Artと相性がよく、アブダクション思考に近いものとなります。インダクションは適用型の思考でアブダクションは発見型の思考です。

以上が思考モデルの概略ですが、ここからいくつかのトピックについてもう一歩深い考察を行います。人間が世界をどう認識するかをもっと原理的に理解したい方にはよいヒントになりますが、興味のない人には本当に眠くなる話なので読み飛ばしていただいて大丈夫です。

「犬」は「犬」と命名するから「犬」と認識できる

まず、現実世界についてです。現実世界は人がそこに「情報」の「かたち」を認識して言葉などで刻印する以前には、現実世界自体に境界やグループ、構造、法則……は何も存在しません。蝶と蛾を区別する文化圏と区別しない文化圏があることはご存知でしょう。人間の認識に先立つ絶対的かつ普遍的な世界の分節は存在しません。仮に存在したとしても人間には認知不可能です。いまだ、近代的な啓蒙＝進歩主義の残滓《ざんし》の中にいる私たちは、「いやいや人の認識は進歩していて着実に普遍へと向かっている」と思うかもしれません。天動説が覆され地動説が認められたように、と。

でも、実は天動説も地動説も、絶対時空がない以上は確定できません。いや、時空という概念さえ人間が勝手に作っているだけかもしれないのであって……と、ここらでやめておきますが、**現実世界には人間の認識以前に「絶対」「普遍」「真理」が存在しているわけではない**ことを理解しておきましょう。

次に人間の認識です。人はどうやって物事を認識しているのか。実はこれについては本当のところ、いまだよくわかっていません。生命科学、認知科学、心理学、精神分析学、社会科学、文化理論、哲学など、超学際的な検討が必要になって、それはそれで興味深いのですが、ここでは思考モデルを理解するのに足りる範囲の常識的な理解をしておきましょう。

まず、人間の認識の道具は五感などの感覚器官と言語です。逆に言えば、**人間の認識は感覚と言語の制限を受けている**ということです。言語はコミュニケーションの手段ですが、一方で言語は人間の世界認識を可能にする、世界の分節システムです。どういうことか。滅茶苦茶乱暴に言うと、「犬」と命名するから「犬」が認識できるのです。もう少し言えば、世界を「犬」と「それ以外」に分節するのです（言語学的には正確ではありませんが、ご容赦ください）。

数や数学も自然や社会現象を認識可能にする言語であり、世界の分節システムです。数学的モデル化はすべて近似です。世界そのものではありません。ニュートンの運動方程式がいかに自然の理解に有用であろうと、相対性理論よりも精度の低い近似に過ぎませんし、相対性理論も宇宙の巨視スケールで使える近似であって素粒子スケールの現象には当てはまらないのです。

言語は世界を完全に写し取っているわけでも、写し取れるわけでもありません。むしろ、世界の複雑さに対してほとんどの言葉は不完全です。そのため、言語を使った人間の世界認識は何であれ部分的、あるいは一面的な世界の分節の仕方でしかありません。

だからこそ、人間による世界の認識には新しい解釈や発見の余地が常にたくさん残されているわけです。極論すれば、世界の理解の仕方は無限に開かれていると言えます。トップ5%は大なり小なり、そのことに気づいています。あるいは無意識にですが、そう信じています。世界には革新の余地があると信じるのは世界の認識や解釈には革新の余地があると信じているのとほぼ同値・同義です。

トップ5%は世界の見え方を、確立された既存の認識フレームに則って確定させるよりも、無限＝カオスの際《きわ》へと開く好奇心のほうが勝っています。逆にカオスよりも確実な正解を好むのが標準です。

パターン認識には「専門性」と「創造性」の2つのルートがある

さて、思考モデルで見た通り、パターン認識のルートには次の2つがあります。

①既知のモデルによる現象の理解（適用的パターン認識≒専門性）
②現象を新たな切り口で説明するモデル化（発見的パターン認識≒創造性）

トップ5%の戦略コンサルタントの特徴は、②の発見的パターン認識力の高さです。では、①の適用的パターン認識は重要ではないかというと、まったく違います。むしろ、①で高いパターン認識力を発揮できる高い専門性を身につけていただきたいと思います。

専門性はできれば2つのまったく異なる分野で持つことが理想です。ひとつは仕事に直結した分野です。専門医の診断力が一般医より専門の疾患領域でははるかに高いように、たとえば、マーケティングを仕事にしているのなら、一般的なマーケティング知識だけでなく最先端のマーケティング理論や学術研究をフォローするくらいの気概があってもいいでしょう。**事業においてつまらない、浅いパターン認識しかできないのはたいていの場合、②の創造性以前の問題で、①専門性が水準以下だから**です。

たとえば、一般人が体調を崩したとき、「風邪かな、それとも他の病気かな」くらいにしか自己診断＝パターン認識をできないのは医学知識が乏しいからですが、多くの人のビジネス知識は、この一般人とまでは言わないまでも、専門家ほど深くもないのが実態でしょう。厳しい言い方ですが、その程度のパターン認識力で行う認識には創造性を阻害するほどのバイアスなんてほぼありません。あるのはワンパターンの認識だけです。

医師ではない一般人が体調を崩すたびに「風邪かな」と言っているのをバイアスなんて

呼びませんよね。そうではなく、むしろ目標として欲しいのは、不可避に認知バイアスがかかってしまうくらいの高い専門性、それに裏打ちされた認識スキーマの獲得です。

そして、2つ目の専門性は、趣味領域でも何でも構いません。今の仕事とは異質な分野であるほどよいです。そして、**高い専門性を2つの分野で備えることができたら、実は①を超えて、②の発見的パターン認識の下地として活かすことができる**のです。これは、どういうことか。

簡単に言うとエスノグラフィで解説したようなことが起こり得るのです。ある特定の分野での専門的なものの見方でもって、まったく別の異分野を見たとき、その異分野の人には見えないものが自分の持つ専門的なものの見方によって見えたり、異分野の人が当たり前と思っているものの異質性に気づいたりするわけです。異分野専門性の掛け合わせです。詳しくは創造性のところで解説します。

圧倒的な知的好奇心が導く創造性

さて、①の適用的パターン認識が②の発見的パターン認識に活かせるとしても、それだけで②の達人になれるわけではありません。トップ5%はそうした専門性だけには拠らず、複眼的な視点で柔軟に視野・視座・視角を動かします。その思考作法はある程度テクニカルに誰もが実践可能にできるものも多く、本書ではそれを形式知化して解説していきます。

ただやはり、トップ5%には特定分野の専門知識以上に豊かな教養が備わっている人が少なくないのも事実です。数学、物理学、生命科学、コンピュータサイエンス、経済学、社会学、人類学、哲学、芸術、エンタテインメントなどなど、複数分野にまたがる節操がないほどの雑食性が、パターン認識の質を高めています。

とはいえ、誰も彼もが雑食を目指さなくてよいとは思います。というのも、おそらくほとんどの雑食は教養レベルの認識スキーマにまで高まらず、茶飲み話程度の雑学で終わるからです。好きでやるならいいのですが、大して興味もないのにそんな程度の雑学を無理して学ぶくらいなら、特定の分野で専門性を高めることに時間を費やしたほうがはるかに有益です。幅広い教養を武器にするという戦略は誰にでもできることではありません。ここが難しいところでもあります。

雑食とは雑学ではありません。各分野に特徴的なそれぞれの認識スキーマを一定程度身につけるには、それぞれの分野である程度の専門書か、それに準ずる一般書が読みこなせるくらいでないと話になりません。そこで欠かせないのが、ありきたりな言い方ですが、知的好奇心です。

幅広い教養というのは勉強だと思ってやるようなことではありません。いろんな分野に興味を持たずにはいられない、そして、つまみ食いであったとしても、ちょっと深く掘り下げずにはいられない**圧倒的な知的好奇心こそ、幅広い教養の源泉であり、トップ5%の戦略コンサルタントに共通して見られる資質**であると言えます。

幅広い教養の効能を創造性の観点から少しだけ補足しておくと、ある状況や課題に対していろいろな分野の認識スキーマによるものの見方ができるようになります。

それによって、①特定分野だけの見方によるバイアスのリスクは減り、②A分野の見方では見えなかったものが、B分野の見方から見えるという発見があり得ます。また、③思いがけない分野同士の共通性やつながりをインサイトするセレンディピティ（予想外の幸運が偶然手に入る）の可能性も高まります。さらに、④無意識ではなく意識的に視点や視角を切り替えるための自分の思考のメタ認知もできるようになっていきます。いいことはたくさんあります。

幅広い教養に基づく②の発見的パターン認識の達人になるには、これだけやれば完璧といった手軽な方法論はありません。知的資産と能力をコツコツと蓄えていく王道を進むことになるでしょう。

今現在どの程度の教養があるかによって、ものになるまでの時間は変わりますが、気長に楽しみながら長い年月をかけて培っていってください。一般論ですが、1年でも認知能力は変わります。3〜4年も続ければ、それなりの認識スキーマができてきて、結構な創造的思考ができるようになっているはずです。そして、もし10年も続けられたら、あなたはトップ5％を凌駕しているかもしれません。

トップ5％の創造性を可能にする思考態度

戦略コンサルタントのトップ5％が持つ思考態度において重要なキーワードのひとつが「創造性」です。**革新につながる創造性の発揮を可能にする思考態度こそが、一筋縄ではいかない、八方塞がりの状況などで如実に力の差を生み出します。**

では、トップ5％の創造性を生み出す思考態度とはどのようなものでしょうか。それを明らかにするために、少々込み入った論理を展開します。

創造性とは何か、創造性の源は何か、創造性の敵は何かなど創造性をめぐる常識・定石について実例などを交えながら逆説を示します。それら自体が示唆的で興味深い話だと思いますが、創造的思考態度について、本当にお伝えしたいことはその先にあります。

これらの論理展開をメタから眺めたときに浮かび上がる、一貫して見られる思考態度こそが真に創造性の源泉たる思考態度です。最後に明かします。

この論理構成を念頭に、少し長い旅路になりますが、論理展開にお付き合いください。

さて、創造性とは一体何でしょうか。辞書的な意味としては「何かの真似ではない、独自の有用な案を生み出すこと」「現状を打破し、常に新しい状態に作り変えていくこと」「オリジナルなアイデア、異なった視点、問題への新たな見方」といったように定義されています。

もちろん、これらが間違っているわけではありません。ただ、「真似ではない独自の」「オリジナル、新たな見方」「現状を打破、新しい状態」というのは同義反復的で、「じゃあ、独自って何？」と言いたくなります。本書では創造性について、次のように定義しています。

創造性とは「人々のパーセプションを変えるモノ・コト」

パーセプションとは直訳すれば「認識」ですが、一般用語の認識よりも少し色のついた用語として、人々の認識上の定説、定石、常識、慣習などを指していると思ってください。広く人々が「○○は××だ（A≒B）」「○○ならば××だ（A→B）」と信じているモノ・コトです。

そして、パーセプションを変えるとは、こうした見方を覆し、「××と思われているが実は△△だ」といった、人々の認識を一瞬で揺るがすような、これまでと違う異質な見方やとらえ方を提示することです。それが創造性です。

では、この人々の認識を変える創造性はどこからやってくるのか。創造性の源は何か。よく挙げられるのが、直感やひらめきです。そして、こうした直感やひらめきはいわば左脳ではなく右脳、非ロジックの領域にあると考え、論理性の対極に創造性を位置づけている人もいます。論理とまったく関わりのない感性領域からふいに直感が訪れ、「無から有を生み出す」ことだけが創造性の源であるならば、それはもはや天性の才能か偶然か、なんにせよ自分ではどうすることもできないことのようにも思えてきます。果たしてそれは本当でしょうか。

ここで誰もが認める稀代の天才たちに登場してもらい、彼らの偉業がどのようにして生まれたのか、確認してみましょう。

ロジックを愚直に積み上げてたどり着いた相対性理論

まずは科学の分野から、アルベルト・アインシュタインと、その最大の業績のひとつである特殊相対性理論についてです。

相対性理論について、詳しくは知らなくても「時間と空間は伸び縮みするらしい」とか、「浦島太郎のようなことは光の速度で動くと実際起こるらしい」とか、日常の感覚とかけ離れた不思議な理論として聞いたことがあるかもしれません。そして、アインシュタインはこうした独創的な発想に空想力・想像力・直感でたどり着いたと言われたりもします。

しかし、それはまったく違います。

不正確のそしりは免れないことを承知で、できるだけ簡単に、創造性に関わる範囲で要点をお伝えします。

特殊相対性理論の帰結のひとつを滅茶苦茶乱暴にまとめると、「時間・空間は絶対的なものじゃない、運動によって時間は遅れ・空間は縮んで観測される」ということです。

なぜ、そんな理論にたどり着いたのか。これも滅茶苦茶乱暴にまとめると、「光の速度の観測結果を巡る矛盾を矛盾じゃなく解釈することによって」です。どういうことか。

たとえば、時速100kmで動いている電車を駅で立っている人が見れば、時速100kmに見えますが、電車と同じ方向に時速100kmで進んでいる車から見たら、時速ゼロに見えますよね。でも、光の速さは、たとえば、いま地上から光線を放ったとして、それを静止している人が観測しても、どんな運動している人が観測しても同じになります。おかしいですよね。でも、これがおかしくないのだとしたら？

乱暴に言えば、アインシュタインは次のように考えました。「運動に拠らず光の速さが一定に観測されるなら、速さを規定する『時間』と『長さ』が運動によって変わるということ」、つまり、「運動している人の時間は静止している人から見てゆっくり進み、長さ（空間）が短くなって割り算（距離÷時間＝速さ）が常に一定」ということです。乱暴ですが、これが特殊相対性理論の帰結のひとつです。

実はこう理解することで、初めて電磁気学も力学も慣性系で常に保存されます（相対性）。ちなみに、私たちが普段乗り物に乗ったところで、まったく時空の伸縮を感じないのは、その程度の速さでは伸縮が誤差でしかないからです。光に近い速さで動くほど、相対論効果が如実に現れます。

インチキにさえ見えるコロンブスの卵のような発想ですが、**あらゆる先入観を排して、ただ愚直にロジックを追求した結果、それまでの常識的・日常的前提（時空は全方向に等質で独立・客観的に存在）を根底から覆すインサイトにたどり着いた**のです。しかも、このロジックは、アインシュタインが唐突に思いついたのではありません。

実はローレンツらは、数式的にはほとんどアインシュタインと同じところまでたどり着いていました（ローレンツ変換）。両者の違いは、絶対時空や光＝電磁波を伝える媒質として仮定されたエーテルを「それ、観測できなかったのだから実はないんじゃないのか？」と観測事実を素直に解釈した愚直な論理が導く非日常的結論を突き詰めたかどうかです。

アートの創造性の源は時代コンテクストと模倣のロジック

続いて、アートの分野も簡単に見ておきましょう。

アートというと、まさに感性と才能による独創というイメージがあるかもしれません。ですが、アートも時代や社会コンテクストという大きなロジックを背景に新たな様式が誕生し、特に近代以降は急激な経済成長、技術進化や異文化との遭遇などを契機に、それまでのアートの常識を覆す革新を続けてきました。中世から近代までにおいても西洋絵画の潮流を概観すると、歴史的・社会的コンテクストのもとに、時代ごとに様々な対立軸での交代と新様式の誕生が見られますが、中核には常にルネサンスに発展した写実表現がありました。

ところが、近代以降、写真の台頭により写実絵画の存在価値は薄れ、行き詰った画家たちは、写実ではない新しい表現を追求します。そこで生まれてきた美術様式には個人の感性だけではなく、経済発展の結果もたらされた様々な「異質」の衝撃を「パスティーシュ(模倣)」するロジックが見てとれます。

たとえば、印象派。モネやルノワールは写真に対抗して突然あのような表現を思いついたのでしょうか。実は、写真は写実絵画を葬り去る一方で、絵画に新しい表現の可能性を示してもいたのです。当時の写真技術では露光調整などが難しく、ブレ（モーションブラー）やピンボケやソフトフォーカスのような写真、過剰に光が散乱する写真など、要は撮り損ねも多かったのです。そのような写真やピントの合っていないレンズで覗いた風景と印象派の絵を比べてみてください。

この時代に誕生したチューブ絵具のおかげで絵を外で描けるようになった画家たちは、写真のように屋外で風景に向き合い、時間と共に移ろいゆく風景や光の揺らぎを写真のモーションブラーやフォーカスのずれたレンズで見たような表現で描いていったのです。

あるいはキュビズム。19世紀末のモダニズム思潮の中でピカソとジョルジュ・ブラックの実験から生まれた革新ですが、そこには、セザンヌやマティスなど同時代の個人による新しい表現から得たヒントに加え、ピカソの「アビニョンの娘たち」を見れば明らかな通り、当時、植民地からパリに持ち込まれたアフリカ彫刻の影響がはっきりと見てとれます。対象を複数の角度や視点から見て、ひとつの平面に構成する表現はアフリカ彫刻からのパスティーシュです。

いかがでしょう。創造性には確かに個人の発想の飛躍もあります。しかし、アートでさえ飛躍は無から突然生まれるのではなく、背後にコンテクストとロジックが見てとれます。

創造性の真の敵は何か

創造性の源は、世間で思われているほど主観や直感、感性などで発想を飛躍させることではなく、むしろ愚直なほどの「ロジック×インサイト」なのだということを見てきました。では逆に「創造性の敵」とは何か。

創造性の敵としてよく挙げられるのが、習慣、常識、専門性の3つで、それらに基づくヒューリスティック（直感的な判断・経験則）が創造性の足かせとなるとされます。

確かに、ヒューリスティックとは、ほぼ無意識に働く認識スキーマであり、だからこそ速い判断が可能になり、有用です。しかし、無意識に働く認識ゆえにバイアスを生むのは事実です。特に専門性というのはやっかいで、専門性を発揮すべき状況・環境を前にすると強力に専門の認識スキーマが働き出し、無意識ゆえに抗いがたく、それ以外の見方をするのに困難を極める場合もあります。有名な事例をひとつ紹介しましょう。

ハーバードメディカルスクールでは、ＣＴスキャンやＭＲＩの専門家である放射線科医師24人を対象に、ＣＴスキャン画像に標準的な結節影（異常箇所の可能性がある陰影）を人工的につけて探させるという実験をしました。なお、その画像のうち1枚には、通常の結節影の大きさの48倍ものサイズの、ダンスをするゴリラの画像が加えられていました。

このゴリラは、医療の知識がまったくない人でも明らかに認識できるものです。しかし、熟練した専門医24人のうち、なんと20人がゴリラの存在という異常を見落としたのです。その際の眼球の動きを確認すると、8人はゴリラに目を向けることすらせず、残りの医師は直視したのに気づけなかったと言います。

この実験からもわかる通り、**専門性は時に信じられないほどの認知バイアスを生みます。**

では、専門性は常に創造性の敵になるのか。そうではなく、**逆に専門性が創造性の強力な源にもなり得る**と私は考えています。その原理を簡単に確認しておきましょう。

［図 10］専門性は創造性の強力な源

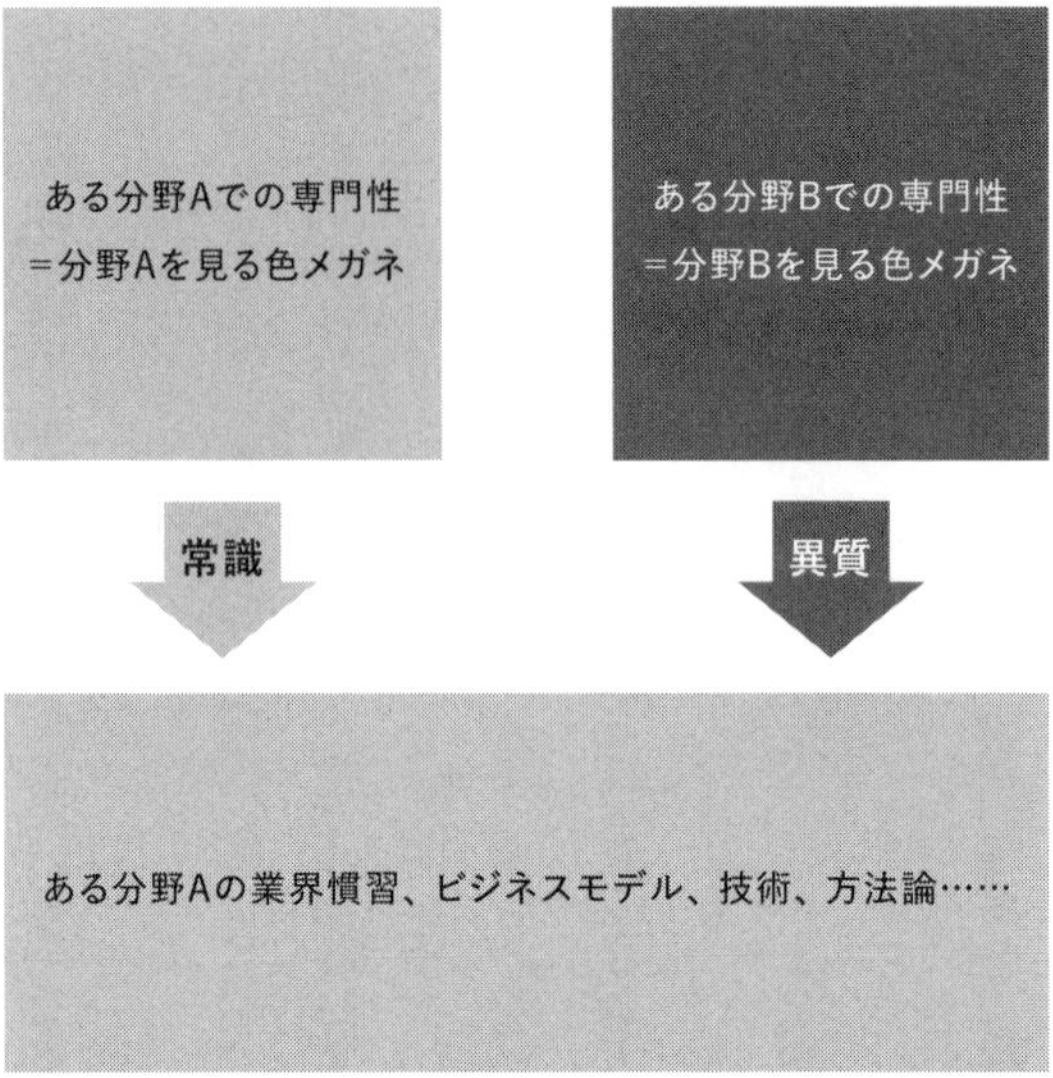

　ある分野における専門性は、言わば、その分野を見るための特殊な色眼鏡です。この色眼鏡はこの分野の景色を見るのには最適で、とても自然に風景が見えます。ところが、この色眼鏡で違う分野を見てみるとどうなるでしょうか。異分野にいる人とはまったく風景が違って見えるはずです。異分野での常識がまったく常識には見えなかったり、異分野では大きな問題視されていることが、全然大したことに見えなかったりするかもしれません。

　裏側から言うと、ある分野Aをその分野Aの専門性の色メガネで見ても常識的な景色しか見えませんが、まったく違う分野Bの色メガネでその分野Aを見ると、分野Bの色メガネは異質な眼として働き、分野A内部では今まで見えなかった可能性などに気づけたりします。これが創造性の源となり得るわけです（図10）。

有名な事例を紹介しておきましょう。スペインのビルバオ・グッゲンハイム美術館は、まるで巨大な船のような外観を持ち、幾重にも重なるチタンの曲面が光を反射して輝く、美しい建築の美術館です（図11）。その有機体のように曲線的で不規則な形状は、巨大建築物としては他に類を見ません。

実はあのような複雑な形状の金属外壁を巨大建築物で実現することは、このプロジェクトが動き出した1990年代初頭の建築業界では、まず不可能とされていました。しかし、建築家のフランク・ゲーリーは、そんな常識などものともせずに設計にとりかかりました。恐れずチャレンジできたのには理由があります。

普段からアートや異分野技術にも興味を持ち、異分野との積極的な交流やコラボレーションを行っていたゲーリーは、航空業界や造船業界には異なる金属を組み合わせて曲線を構成し、大型の構造物を造る技術があり、建築に応用できる可能性があることに気づい

［図11］ビルバオ・グッゲンハイム美術館

ていました。

そして、造船や航空機製造において使用されていた最先端のデジタルモデリング技術を建築でも活用し、不可能と思われていた大型で複雑な金属外壁構造物を精密に物理計算し設計することができたのです。

「専門性は創造性の敵」というのはわかりやすく、事実そうした側面はあります。しかし、ゲーリーが示したように異分野専門性は創造性の源になり得ます。また、アインシュタインは物理の専門家ですが、その専門性が彼の創造性の邪魔をしたはずもありません。

創造性の真の敵は専門性ではありません。それなのに「バイアスを生む専門性は創造性の敵」と決めつけ、「時に味方となる可能性」を排除してしまうこと自体が、バイアスがかかった状態と言えます。

さて、長くなりましたが、ここまで、創造性とは何か、創造性の源は何か、創造性の敵は何かに関する常識的見方に「本当か?」という思考態度でチャレンジし、逆説を導いてきました。この一連のプロセスをメタレベルから見てみると、ひとつのパターンが浮かび上がります。それこそが実は創造性の真の敵なのですが、それは一体何なのか。その正体は、「思考を止めること」に他なりません。

「これはこういうものだ」と決めてかかり、「本当にそうなのか」という考えを放棄して思考を止めてしまうことこそが、創造性を阻害する決定的な要因となります。そして、逆も真なりです。

「創造的思考態度」とは思考を常に動かし続けること

何かを確定的・断定的に語った瞬間、思考はそこで停止します。
何かを受け入れた瞬間、思考はそこで停止します。
何かを無意識に行う瞬間、思考はそこで停止します。
しかし、創造性とは実はその先にあるものです。

では、常に思考を動かし続け、創造性を発揮するにはどうしたらいいか。実はとても簡単な方法があります。次の2つの問いを発する習慣をつけることです。

①「それって本当か？」
②「そうだとすると」

たったこれだけですが、今までこの思考態度・習慣がなかった人には効果抜群です。「それって本当か？」は立ち止まって考える思考を促します。「そうだとすると」は逆に立ち止まらずに考える思考を促します。

何かを確定的・断定的に語った瞬間、「それって本当か？」
何かを受け入れた瞬間、「それって本当か？」
何かを無意識に行う瞬間、「それって本当か？」

たとえば、前提条件が明らかではなく、何かが暗黙の了解で物事が進みそうなとき（実は日常ではほとんどの場合がそうです）、それをただ受け入れずに「それって本当か？」と、とりあえず発してみる。何か結論めいたことを自分が考えたり、人から聞いたとき、とりあえず「それって本当か？」と、心の中で発してみる。そして「根拠は何だ」「思い込みじゃないのか」「一面的な見方で他の観点もあるのではないか」「もっと大きな文脈で考えるべきではないか」などと思考を続けていきます。

「そうだとすると」は逆に立ち止まらずに考える思考を促します。とりあえず何か、おそらくこうだろうと納得した仮説や結論に達したとき、やはり、そこで思考を止めるのではなく、「そうだとすると」と強制的に思考を続けます。そして、「この先にはこう広がる」「次に考えるべきはこれだ」「こういう見方もできるようになる」と、思考を展開します。

思考を展開すれば、展開するまでは見えていなかった可能性の広がりやシナリオの幅に気づいたり、先に待ち受ける課題やチャレンジに気づけたりします。

この思考態度がトップ5％の秘密のひとつです。とてもシンプルで簡単に思えますが、多くの人は作法を教えられてもあまりうまくできません。簡単なはずなのにできない。何が難しいのか。実は、**自分を疑うことは論理的にも心理的にも難しい**のです。

他人の考えや意見にはいくらでも「それって本当か？」と問えるようになるし、批判的な検討をしていくこともできるようになります。ところが、誰しもがみんな自分ツッコミは苦手です。ひとつには、自分が無意識で思考していることについてツッコミを入れるのは簡単ではないからです。自分を他人のようにメタ認知することで、徐々にできるようにはなりますが、それでも、本当にどこまでできているのかは自分では決してわかりません。だって、気づいていないことは無意識なのですから……。

そのため、ある程度限界はあります。でも限界があることを意識しているだけで、限界点を先に持っていくことができます。**自分の考えも含めて問いも仮説も結論も前提も、すべてのことは「(仮)」であると考えておく**ことが重要です。そして、必ず考え足りないところ、矛盾するところ、部分的でも間違っているところ、自分とは違う見方が必ずあることを念頭に置いておきましょう。まずはそれで大丈夫です。それだけで論理的には相当自分ツッコミがうまくできるはずです。

実際に、もっとやっかいなのは心理的抵抗や心理的傾向（バイアス）でしょう。心理的抵抗とは、自分の誤りを認められない、誤りを受け入れるのを自らの否定と感じる、他者による誤りの指摘は自分への攻撃であると認識し、不安や怒りを覚えるといった心理です。心理的傾向とは、事実や証拠より自分の好みや望みを優先する、自分の信念と矛盾のない都合のいい情報ばかり評価するなどの認知バイアスです。こうした傾向は、ほとんど本能レベルなのではないかと思うくらい回避は難しく、私も自分がうまくできているとはとても思えません。

トップ5％の人たちを見ていても、自分ツッコミの心理的ハードルが低い人は多くない印象です。どういう人ができているか、限られたサンプルですが、特徴を考えてみると、自然体でクセがあまりない人、ひょうひょうとしていてちょっと掴みどころがない感じの人、アイスマンのように冷静でマシンかと思うくらい感情の起伏が少ない人などでしょうか。このように書くと人間的魅力に乏しいように聞こえるかもしれませんが、そういうわけでは全然なくて、むしろ、なぜか人を惹きつけるところがあるのです。
彼らにある程度共通しているのは、人に対してフラットだということです。年上だろうが年下だろうが、有名人だろうが一般人だろうが、権威だろうが素人だろうが、とてもフラットに接します。人に対する分け隔てのなさが自分を客観視できることにつながっているのでしょうか。そういう態度から真似てみるだけでも少し違ってくるかもしれません。

こうして、自分ツッコミの限界はありつつも、自らや周囲の状況が許す限界まで、ひたすらに頭を働かせ、思考を動かし続けるというのが創造的思考態度であり、戦略コンサルタントのトップ5%が習慣としていることです。思考を動かし、ロジックを追求し続けていると、ほとんどの場合、何らかの矛盾や隘路に突き当たります。実はその状態こそが、インサイトを得て創造性を発揮するための最高の準備なのです。

Column 2

初プロジェクトの思い出【前編】

その年、BCGに入社した新卒3人は、3日間のオリエンテーションを終えたあと、いきなりプロジェクトにアサインされました。一人は大手航空会社、もう一人は大手自動車会社。それぞれ半年以上の長期プロジェクトで、メンバーは8人くらい、当時としては割と大きいプロジェクトです。

私はというと、社名も聞いたことがない中堅外資系企業の小さなプロジェクトでした。期間は3か月足らず、人数はオフィサー、マネージャーとコンサル2人だけ。マネージャーはカナダ人のRさんで、見た目はかっこいいのに、いつもポケットに小銭を入れていて、ジャラジャラ鳴らしながら話す、なんだかだらしない感じの人です。

正直、ハズレを引かされたと思いました（笑）。他にもプロジェクトはいろいろあるのに、「なんでこのクライアントに、このマネージャーなんだよ」と思いました。あとで聞くと、オリエンでRさんの講義のときに新人の中で私だけが頷いていたらしく、Rさんは私が一番英語ができると勘違いして、私を使いたいと指名してくれたらしいのですが、実はオリエンの話はまるで聞いてはいませんでした。「小銭ジャラジャラうるさいなあ」と思いながら、頭の中ではペット・ショップ・ボーイズの曲を流して体を揺らしていたわけです。それが頷いているように見えたんでしょうか。

そんなわけで、私はちょっとがっかりしつつ、コンサルキャリアをスタートさせたのです。しかし、結果的には最初のアサインがこのプロジェクトで本当によかったと思います。頭をトンカチで殴られるくらいの大ショックと、ほんのわずかな自信を同時に与えられました。そして、何より大きかったのは、コンサルタントという仕事の全体像をコンパクトに短期間で学ぶことができたことです。

トンカチ級の大ショックは、最初のチームミーティングで食らいました。プロジェクトの社内オリエンだと聞いていたのに先輩たちはいきなり激しく議論を始め、私は議論の中身がチンプンカンプン。メモすらとれず、茫然と座っているしかありません。そして、休憩のときに、それまで私を一瞥もしなかったオフィサーが声をかけてくれました。
オフィサー：「おい、お前。ヘレンケラーだな」
私　　　　：「はい？」
オフィサー：「英語わからん、金融ビジネスわからん、戦略わからん、三重苦ってことだよ。ヘレンケラーと違ってお前は何の役にも立たないがな。ハッハッハー」

オフィサーは一方的に高笑いだけを残して給湯室へと消えていったのです。

このとき、僕の中で何かがガラガラと音を立てて壊れていくのがわかりました。自分は何でもできると思っていたのに、ＢＣＧでは何にもできない。しかも、それを完全に見透かされている。

皆さん、本当に何もできない経験はありますか。普通は多少なりとも手掛かりがあったり、周りが手を差し伸べてくれたりで、何もできないなんてことはまずあり得ません。でも、あり得ないことが起こってしまった。

その数日後のミーティングでは追い討ちをかけるかのごとく、「お前は頭使えないだけじゃなくて気も遣えないのか。コピーくらいバイトでも端を揃えて持ってくるわ。もう何もしなくていいから邪魔だけはするな！」と怒鳴られる始末。私の失意は絶望へと変わりました。とんでもない職場を選んでしまったな。コピーくらいで怒鳴るなよ、と（笑）。

そんなこんなで数週間は先輩たちから振られるデータ入力とグラフ作成、インタビューに同行してのメモとり、新聞のスクラップなどなど、ほとんど下請け作業ばかり。決してミスしないようにと、どんどん萎縮していったように記憶しています。

しかし、救いの手は唐突に差し伸べられたのでした（第2章末【後編】に続く）。

第2章

「思考枠」を広げて常識や定石の壁を突破する

納品1年待ちの機会損失をどう解消する？

はじめにひとつ、ケーススタディを考えてもらいます。

あなたのもとに相談が来ました。相談の主は、超高級ブランドバッグのメーカーです。バッグの単価は50万円をくだらず、平均価格が80万円、数百万円を超える商品も少なくありません。それでも大変な人気を博しており、このブランドのバッグを手にすることがひとつのステイタスとなっています。

バッグは基本的に受注生産で、熟練の職人による手作業で作られています。いまバッグをオーダーしてもすぐその場で持って帰れないどころか、納品まで1年以上かかります。それでも欲しいというファンが多い一方、興味はあるが1年も待たされるならいらないと考え、注文に至らない人も数多くいるのがわかっています。

メーカー側から見れば機会損失が起きているのは明らかですが、オーダーをくれている顧客にも潜在的な不満や妥協があると見ています。それをなんとかすべく、戦略コンサルティングの依頼が来たという状況です。

「納品まで1年かかっているこの状況をどう解消し、顧客を増やすことができるか」

さて、あなたならどう考えますか。

一般論として、なぜ1年も待たせているかと言えば、バッグの需要に供給力が追い付いていないからでしょう。そこで供給力を増やす方策を考えてみます。大きくは2つの方向が考えられそうです。①SC（サプライチェーン）施策、②MD（商品ライン）施策です。

①は（ア）生産力の増強余地検討、（イ）原料供給や物流などのサプライチェーン制約の検討に分けて考えられそうです。（ア）についてはさらに、生産拠点や職人増員など単純キャパシティ増強、機械工程の導入や製造プロセス自体の見直しに分けられ……。こんな具合に考えていくことができそうです。

バッグの生産について多少の常識は要るかもしれませんが、ロジカルシンキングなどで論理的かつMECEに考えていけば、着実に解決策オプションへとたどり着くことができるはずです。なんてことを解説するのが本章の目的ではありません。

余談ではありますが、実は論理だけに見える幅出し・因数分解でも、思考態度がないと、何かを暗黙の前提にしてしまって幅出しを見誤る可能性は大いにあります。

たとえば、②ＭＤ施策が思いつかなかった人は少なくないでしょう。端から「どう生産力を上げるか」にオプションを限定してしまう、そのバイアスの罠が問いには潜んでいます。また、②ＭＤ施策の幅出しにおいては、（ア）仕入れ品を導入できないか、（イ）自社生産品の種類を減らし商品スコープを絞ることで生産性が上げられないか、（ウ）商品スペックの見直しで生産工程を減らして生産性を上げられないかなどあり得ますが、「考え続ける」という思考態度がなければ（イ）や（ウ）のようなオプションにはたどり着けない可能性は大でしょう。

「思考枠」を広げて問いを問う

さて、本章の主題は思考態度ではなく「思考枠」です。すでに序章の解説や事例をお読みになっているので、「これはまともに答える問いではないのだな」と勘づかれたかもしれません。いい傾向です。トップ５％に近づいています。

設定された問いにストレートに答えることが誤りというわけではありません。むしろ、それが標準であり、問いにストレートに答える力はぜひ身につけていって欲しいです。しかし、トップ5%の思考の特徴は、こうした標準の思考枠の「外」にあります。

序章で見た通り、ひとたび思考枠が設定されたら、その思考枠の範囲で問いを分解したり、解決策を考えたりします。少し循環論法になってしまいますが、思考枠とはそういうことです。もう少しパラフレーズすれば、思考枠とは「考える前提や範囲、切り口」といった、大げさに言うと思考を規定する「思考のパラダイム」です。何が問題なのか、どう考えるのか、それらがすべて思考枠で規定されます。だからこそ、**思考枠をどう設定するかで問題も答えもまったく変わってくる**わけです。そして、トップ5%には、この「思考枠」自体の問い方や設定の仕方がうまい人が実に多いのです。

思考枠をいい塩梅にセットアップするのは簡単ではありません。ですが、とりあえず、すでにある「思考枠」を問いに付すだけであれば、実は誰でも簡単にできます。

「果たして○○が真の××か」

このように、○○があったなら、それが何であれひとまず「果たして○○が真の××か」と言ってみるとよいでしょう。たとえば、このブランドバッグの問題であれば、次のように問いを問うことができるでしょう。

「果たして供給力不足が真の問題なのか」

「果たして待ち時間を短縮することが顧客の真のニーズなのか」

そんな簡単なことで何か変わるのかと思うかもしれませんが、これこそトップ5%の戦略コンサルタントが並外れた成果を上げている秘密のひとつなのです。


先ほどのブランドバッグの例で、「待ち時間の短縮」が課題のように表面上は見えます。しかし、それを解消すればすべてがうまくいくでしょうか。極論で思考実験してみましょう。仮に待ち時間がゼロになったとします。それによって何が得られますか。逆に何が失われますか。

それを考えたとき、これは微妙な問題かもしれないということに気がつくはずです。得られることとして、すぐ欲しいと思っていた人は買ってくれるかもしれません。一方で失うことは何か。手に入れるのが困難という希少性です。その希少性はブランドの価値認識に少なからず影響を与え、いつでも手に入る＝希少性が下がることでバッグに感じる魅力が半減する人もいるかもしれません。

つまり、数字面だけで見ても、新規顧客が増える一方で、人と同じような既製品を持つのは退屈だと思い「職人が手作業で作り、1年待たないと買えない」という希少性にこそ価値を感じている、このブランドの既存の真のファンが離れていくなら、どっちが得か微妙です。

さらに言えば、真の顧客が離れることでブランドの価値が中長期的に毀損されていく可能性さえあります。ブランド価値というのはブランドが決めているわけではなく、顧客が決めているものなのです。どういう人にどう思われているかがブランド価値の正体です。

このような思考実験を行えば、**「果たして待ち時間の短縮が真の課題なのだろうか」という疑問が出てくるはずです。これが「思考の前提を問う」ということ**です。

そしてさらに、「このブランドのバッグを買いたい人が、真に欲しているものは何なのか」など、そもそもの問いを考える思考に入った瞬間、あなたの思考枠は根本的に変わります。

そこから先は、様々な問いや仮説の立て方があるでしょう。よりよい問いや仮説というのもあるかもしれませんが、極論すればよりよいかどうかは大事ではありません。**大事なのは、既存の思考枠では決して考えることはなかったはずの異質な思考が駆動を始めること**です。

それによって今までと違う答えにたどり着く可能性が一気に広がります。

どういう思考があるかを例示するために、「欲望」を切り口に考察を進めてみます。1年待ちの高価なバッグが欲しいという、その思いの源となる欲望とは何なのか（すぐ欲しいか、待てるかはさておき）。

このバッグを買いたい人は、希少なバッグを持つことで他者から一目置かれ、自らの承認欲求を満たしたいのかもしれません。あるいはこのブランドの世界観全体のファンで、持っているだけで幸せな気持ちになるのかもしれません。

仮に満たすべき欲望が承認欲求であるとするなら、たとえば、すぐに実物が手に入らなくても予約者だけに限定のノベルティバッグをプレゼントするなどはどうでしょう。きちんとした品質とデザインで、普通に売ってなくて高級バッグを予約しないと手に入らない。どうですか、承認欲求が欲望の人はこれ欲しくないですか。

あるいはブランドの世界観のファンに対しては、予約者限定の店舗イベントや特別なパーティに招待したり、ブランド限定コミュニティへの参加を促したりすると、バッグが手に入る前からブランドの世界観に浸れるかもしれません。

いずれにしても、1年間という待ち時間をあえて残し、希少性を担保しつつもファンや顧客を増やすような新たな解決策が見えてくるはずです。

単純な例でしたが、「思考の前提を問う」ことで思考枠が変わり、問題の見え方が変わること、結果、新たな解決策の可能性が生まれることが重要なポイントです。

余談ですが、その昔、コンサルティングプロジェクトのドキュメントの中で売り込み用の提案書が一番面白かったなんてことはざらでした。予算外で費用を捻出してでも高額なコンサルティングを受けようと思ってもらう必要があり、売り込み提案段階の課題の指摘や検討の切り口が単にクライアントと同じ目線だったら「わかってます」となってしまいますし、かといって唐突に想定外過ぎても「?」となってしまいます。そこで、百戦錬磨のシニアは知恵を絞り抜いて提案書に「皆さん、こう考えているでしょうが、たとえば、こんな見方をすると違う課題が見えてきます」といったことを盛り込んでいたのです。だから、面白いに決まっています。予算も課題もクライアントが与えてくれる今どきとは隔世の感です。

少し話が逸れましたが、**「思考の前提を問う」ことで既存の思考枠の「外」を思考することがトップ5%の圧倒的パフォーマンスの秘密のひとつ**で、誰でもできる方法としては、「果たして○○は真の××か」と発してみることでした。ほぼこれだけで「思考枠」を変えるトリガーになると思いますが、もう少し上級編も学びたい方のために、いくつかテクニックをご紹介しておきます。

別次元の「制約を解除する問い」が思考を非日常化する

より創造性に近づくには、思考を日常モードから非日常モードにシフトチェンジすることが肝要です。そして、思考を非日常化するには、いかに「制約を解除する問い」を発せられるかがカギになります。通常の視点とは別次元から発する「制約を解除する問い」は、思考を非日常へと誘ない、思考の幅を押し広げ、時に当たり前に見えていた風景を一変するほどのスリリングな瞬間をもたらしてくれます。

では、どのように「制約を解除する問い」を発すればいいか。とっておきの切り口は**「盲点」「思い込み」「仮説的推論」「想定外」の4つ**です。これらの関係をマトリクスに図式化すると、図12のようになります。

4つのプロット位置は相対的な違い程度ですが、2軸は「問い」の性質を方向づける切り口で、横軸は思考枠の制約の何を解除するか、縦軸は問いを問う目的は何かを示しています。それぞれの問いの意味を確認しておきましょう。

「思い込み」の気づきは、暗黙に前提にしていることや信じ込んでいることへの気づきです。

「盲点」の気づきは、見えていない視点や抜け落ちている視点への気づきです。

「想定外」の発想は、想定＝前提を解除して発想を広げます。

「仮説的推論」とは、「もし○○なら」という思考実験で認識を前に進め、限界突破します。

参考までに、それぞれで私がよく使う問いの切り口を例示しておきます。

【思い込みに気づく問い】

「それって本当か？」

「そもそも○○とは何なのか？」

【盲点に気づくための問い】

「もし○○の立場ならどう考える？」

「逆に○○の良いこと、悪いことは？」

【想定外の発想を得るための問い】

「（異質分野の）要素・構造を当てはめると？」

「ひとつ上の視点／抽象のレイヤーで考えると？」

【仮説的推論を導くための問い】

「極論、万が一、○○になるならどんなシナリオ？」

「相反するこの2つがもし無矛盾だとしたら、どうなる？」

実例をひとつ紹介しておきます。建材事業の例で、あまり馴染みのない方も多いかもしれませんが、私自身も建材は決して馴染みのある専門分野ではありませんでした。しかし、「制約を解除する問い」によって創造的な解決策を考えることができました。業界知識がないとわかりにくい部分もあると思いますが、面白い内容なのでお付き合いください。

ある建設用の部材の話です。かつてはその部材によって建物の性能や機能性が左右されるなど、重要部材として、価格だけではなく品質や機能が評価され、部材メーカー間では開発競争が行われていました。しかし、建築技術や材料技術の進化、生活者ニーズの変化などにより、建築上重要な要素や部材は時代と共に移り変わり、今やその部材はコモディ

［図 12］「制約を解除する問い」の切り口

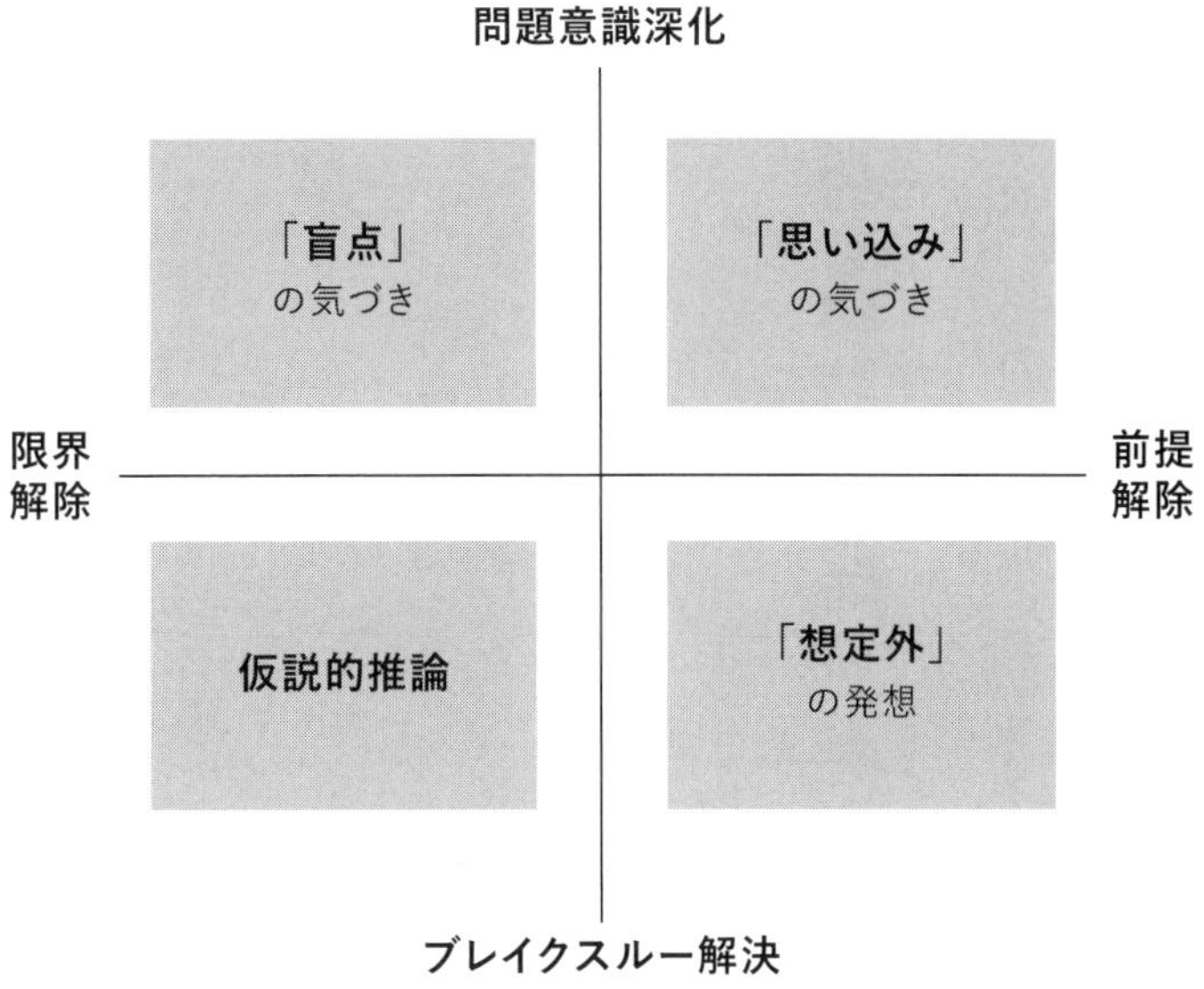

ティとして低価格化が進行し、メーカー間のシェアはほとんど動かなくなっていました。

最大手の競合他社は、建設会社による過去の使用実績からリピートされやすいことに加え、大規模な営業リソース投入によって、施工より上流の設計段階にまで食い込み、スペックイン（設計図の中で利用部材の品名が指定される）することに成功していました。対して自社は、営業人員やコストでは最大手の競合と勝負できませんが、製品の品質や安定性では勝っているという自負から、品質を求め評価してくれる施主や建築事業者などを特定し、そこにフォーカスして設計段階での品名指定を獲得することを志向していました。

しかし、現実には競合間で品質に多少の差はあれども、顧客が求める性能（要求性能）充足度において有意な差があるわけではなく、部材の品質差で選ばれるケースは稀でした。品質訴求によって競合に対抗し、設計など上流へのスペックインを狙うのは筋のいい戦い方ではない一方、他に製品性能で差別化できる打ち手はありません。かといって経営資源で圧倒的に勝る競合に対し営業などで真っ向勝負もできない状況です。もはや手詰まり。そう考えるのが「自然」です。

でも、本当にそうでしょうか。思考枠を非日常化してみましょう。

「制約を解除する問い」を立ち止まって深く考えるきっかけに

たとえば、次のような視点が考えられます。

◉上流工程の設計ではなく、下流の施工現場を見ること（盲点：ブラインドサイドを見る）

◉部材単体を見るのではなく、部材を含むサブシステムを見ること（盲点：他の部材などの観点から見る＋想定外：一段上の階層から解決策を探る）

実際に施工現場にヒアリングを重ねてみると、この部材は設計書で品名が記載されていても、指定というほどの拘束があるわけではなく、なんと現場で同等品に変更することが禁止されているわけではありませんでした。ただ、現場のほうでも、特段の理由もなく設計書から変えるのも面倒なので、結局、記載通りに使われることが多く、結果的に設計段階など上流へのスペックインの効果が高いように見えていることがわかりました。

そこで、設計での品名記載を無効にし、現場で支持される、部材変更が行われる方法はないかを検討します。部材単体ではいまさら機能ニーズなどがないのはわかっていることから、ブレイクスルーを目指してひとつ上のレイヤー、つまり、隣接する他の部材や施工と合わせて施工サブシステムとして見てみます。

調査を進めると、やはり部材自体の単価や品質には不満やニーズはありませんでしたが、他の部材との組み合わせ、施工の工程間の調整に非常に大きな課題があることがわかってきました。

【課題1】

この部材は建物のいろいろな部位で使われます。そして、部位によって様々な他の部材と組み合わされます。ある部位では異なる専門の施工業者が前後工程で関わり、後工程の施工業者が前工程の誤差を吸収・調整しないといけないのですが、前工程がいい加減だと調整にものすごく手間取っていました。

【課題2】

そして、後工程のことがわかって施工できる前工程の技術も、前工程での施工誤差に対応できる後工程の技術も、どちらも熟練が要求されますが、そうした熟練技術者不足が深刻になりつつあるということがわかってきました。

【課題3】

非熟練者が施工をすると、手戻りなどを含め、想定よりも、大幅に工数がかかってしまいます。そうすると施工コストが上がるばかりでなく、さらに後ろの工程の工期にも影響し、竣工遅延のリスクまで高めてしまっていました。

ここまでわかれば、今までにない解決の糸口が見えたも同然です。実際、部材自体の機能やコストではなく、施工現場での施工品質や施工コストを改善する部材開発や、工程の異なる他部材との組み合わせ・建材システム化による施工省力化・標準化など、まったく新たな事業機会・成長切り口が見出されたのでした。

制約を解除する問いに「正解」はありません。ですが、自分の日常的な思考枠に気づき・非日常へシフトするうえで、問いの「筋の良し悪し」はあると思います。他人からどう思われるかはさておき、まず自分が立ち止まって深く考えるきっかけになる問いであることが重要です。日ごろから「制約を解除する問い」に思い巡らせる習慣が身につけば、思考枠を自在に操れるようになり、トップ5％の思考に肉薄できるだろうと思います。

こうして「制約を解除する問い」を軸に「思考の前提を問う」ことで思考枠を変え、思考を非日常モードへとシフトしていくことが創造性のカギです。でも、実はその際、考える切り口がいつもと同じなら、せっかく日常の思考枠の外に出たはずが、いつの間にかまた、日常的・常識的で予定調和の思考に引き戻されがちです。思考枠の外で思考を非日常化し続けるにも、いくつか簡単なテクニックがあります。
次に、思考の切り口をユニークに変えるセットアップの方法を3つご紹介します。

思考の切り口をユニークに変えるセットアップ① 問題を動かす

「○○が問題だ」と聞いた瞬間、創造的思考態度と思考枠を駆使して、「本当か」「果たして○○が真の問題か」と問うことは有効です。ですが、その問いを発したあとに○○をどのように疑えばよいか自信がないかもしれません。ケースバイケースですし、正直好きに疑えばいいのですが、割と汎用的な切り口は考えられます。

図13のマトリクスは、**「○○が問題だ」の○○を動かす方向性とパターン**を表しています。横軸は原因vs結果のいわば時間軸方向で、縦軸は抽象vs具体のいわば空間軸方向で動かすことを表しています。本章冒頭の「バッグの待ち時間が問題」を例に考えま

［図 13］問題を動かす方向性とパターン（例：待ち時間）

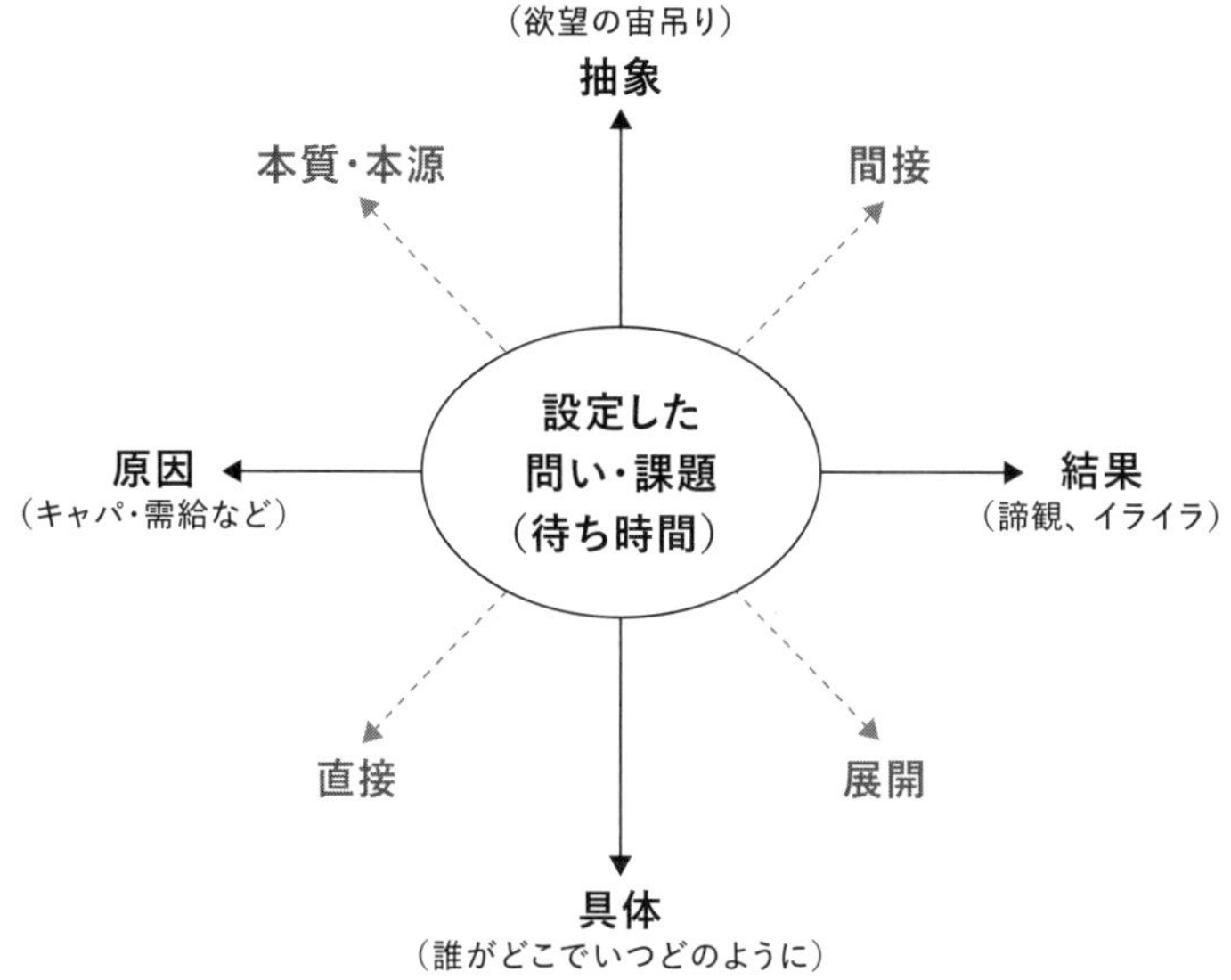

しょう。

まず横軸は、「待ち時間」の「原因」を真の問題として探るのが原因の方向で、生産性などを問題にする方向です。

一方、反対に、「待ち時間」自体が問題なのではなくて、その結果として、バッグが手に入らないもどかしさや手に入るまでブランドオーナーになれない、世界観を味わえないなどが真の問題というのが「結果」を考える方向です。

次に縦軸は、考えるレイヤーを動かす軸で、問題を抽象化する方向と具体化する方向があり、抽象化する方向だと解決策や手段の幅が広がりやすく、逆に具体化の方向だと、解決策はより絞られ具体的に考えやすくなります。ブランドバッグの待ち時間問題だと、たとえば、「待つとは欲望の未充足が続く宙吊り状態」、そこで、待ち時間解消ではなく他の手段で欲望充足はできないかを探るのが抽象化の方向で、逆に待ち時間一般ではなく、「いつどこで誰の待ち時間がどのようになぜ問題なのか」と問題を特定化して考えるのが具体化の方向です。

どの方向に動かすのがより有効かはケースバイケースです。しかし、4つの方向をパターンとして了解しておけば、状況に応じて柔軟に方向を考えることができるでしょう。

思考の切り口をユニークに変えるセットアップ② マルチレンズで見る

考える視点・切り口を自在に切り替えるコンセプトがマルチレンズです。マルチレンズは、観察力、発見力、分析力、構想力などにダイレクトに効果があります。その結果、問題解決も事業企画も戦略立案もすべてが向上します。マルチレンズは効果もマルチなのです。

レンズの切り替えの軸はいろいろあるのですが、大きく分けると、Zoom in Zoom outの切り替えと、Framing Reframingの切り替えにグループ化されます（図14）。

【Zoom in Zoom out】

Zoom in Zoom outは文字通りで、対象にぐっと近づいて細部の真実を見る（in）か、対象から離れて流れや構造やコンテクストなど大局を見る（out）かです。ミクロvsマクロ、部分vs全体、具体vs抽象、部分最適vs全体システム、個別事象vsメカニズムなどの切り口カテゴリーが含まれます。

【Framing Reframing】

Framing Reframingは少しわかりにくいかもしれません。既知のモデルや既存のフレームワークなどを使って見るか、フレーム自体を再考・再定義する見方をするかです。図の切り口の具体例を見たほうがわかりやすいでしょう。

既存の競争優位・ゲームのルールvsゲームチェンジ、構造vs生成変化、ヒューリ

［図 14］マルチレンズの切り口例

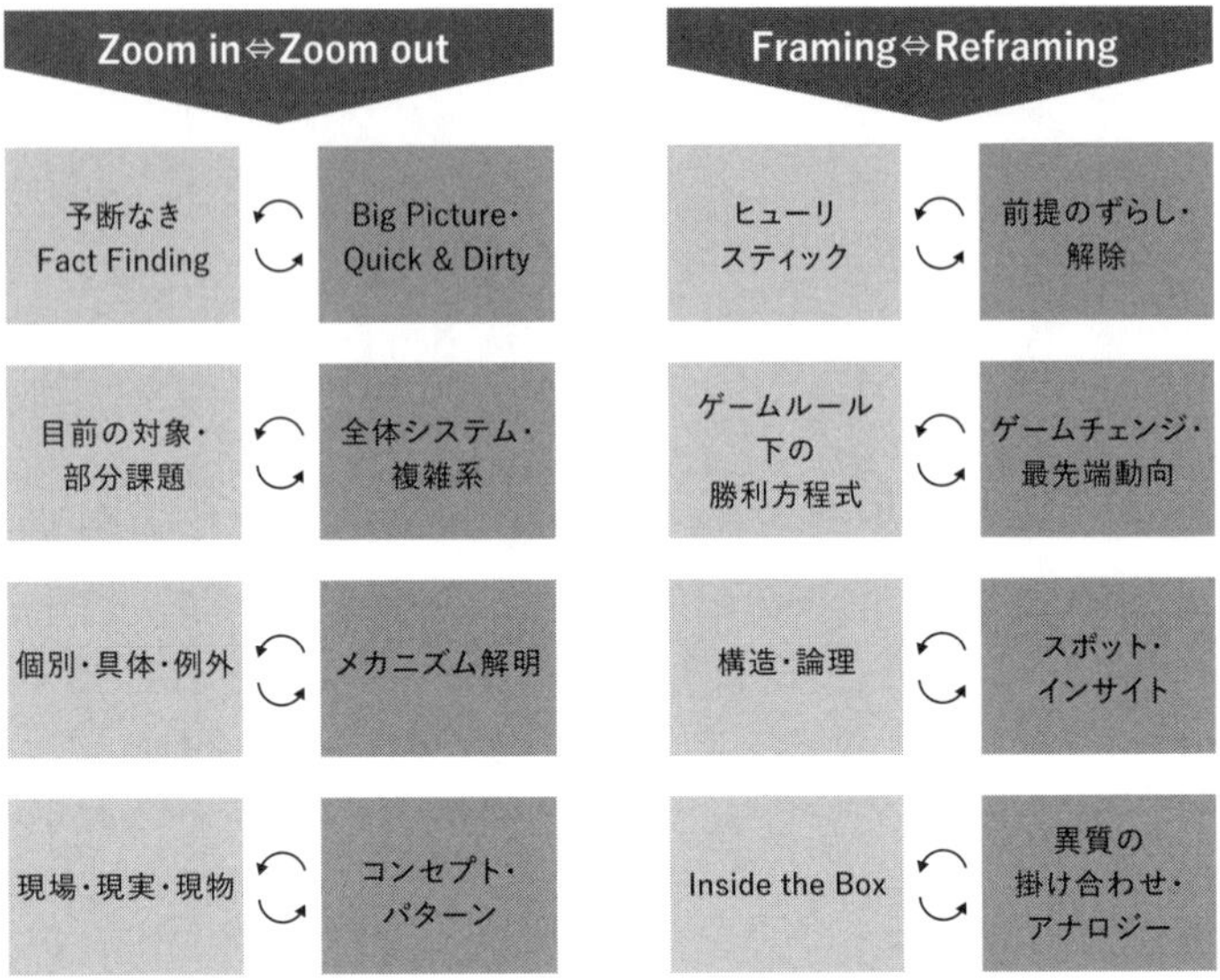

スティックvs前提のずらしなどがあります。

マルチレンズのポイントは、自覚的に視点を選ぶことです。モノを考えるとき、必ず何らかの視点で見ているはずです。しかし、ほとんどの場合、自分が今どういう視点や切り口で考えているかには無自覚です。無自覚でも問題解決できるならそれでも構いません。

特に、日常の思考枠や定まった専門性の見方・思考枠で問題解決に十分な場合は無意識の思考で大過はありません。ですが、創造的な問題解決が必要なときには、思考を非日常の臨戦態勢にしておきたいところです。その場合、自分の思考をメタ認識して、どの切り口で考えるか、意識的に選択し自在に切り替えられたら、思考の日常化を回避し、日常思考枠の外で考え続けることが可能になります。

思考の切り口をユニークに変える セットアップ③ 思考・観察対象の工夫

ここまでは主に思考する側の視点などによる思考の非日常化のテクニックを見てきました。一方、思考・観察対象のセットアップの工夫による思考の非日常化テクニックもあります。使い勝手のよさそうな切り口を簡単に3つご紹介します。

【背景を理解する：コンテクストを意識する】

コンテクストとは、背景、状況、前後関係、文脈などのことです。**物事の意味や価値、機能は驚くほどコンテクストに依存**しています。

言語はわかりやすい例です。たとえば、「きる」という言葉の意味は何か。紙を切る、髪を切る、縁を切る、期限を切る、腰を切るなど、前後の文脈がないと意味は定まりません。私たちは言葉の意味をつなぐと文脈ができると思っていますが、実は文脈こそが言葉の意味を規定どころか生成しています。

要はコンテクストと切り離して成立する絶対的な意味や価値など存在せず、コンテクストがすべての意味や価値を決めているということです。ならば、背後にある隠れたコンテクストを理解したり、形成したりできれば、意味や価値をコントロールし、創造することができるということです。

マルセル・デュシャンの「Fountain（噴水／泉）」という作品をご存知でしょうか。既製品の男性用小便器を横に倒し、そこに署名と年号を書いただけのものです。デュシャンはこの作品で「これはアート作品ですか？」「ただの便器ですか？」「では、そもそもアートとは何？」といった問いを突き付けました。

何かをアートたらしめるのはアート産業のコンテクストであって、美術館、ギャラリー、批評家、キュレーター、オークション、富裕層などからなる仕組み・システムにどう組み込まれるかです。そこには、**アートでさえアートとしての価値が作品に内在しているので**

はなく、社会や産業コンテクストが価値や意味を決めるという事実があります。

もうひとつ例を挙げます。子どもの落書きがプリントされた白いTシャツがあるとします。そのTシャツに感じる価値も、コンテクストで大きく変わります。

誰が書いたかもわからない状態であれば、正直いらないでしょう。しかし、この落書きは、実はアフリカの超貧困層の子どもたちの手によるものだったとします。域内食糧難の大きな原因のひとつが先進国の牧畜用に優先して食料が輸出されていること、さらに限られた優良な耕作地や地下資源鉱脈は北側諸国・企業に専有され、原住民は疎外されていること。すなわち、南の貧困は北の贅沢とリアルにリンクしていること。そして、そのような経済問題の隠蔽を告発し、介入すべく有志のアーティストが立ち上がり、アフリカ農園労働者の美術制作を支援するアートサークルプロジェクトが立ち上がっていること。その一環で、子どもたちにも絵画の機会を与え、歓びを生み出していること。そして、このTシャツは、そのプロジェクトとのコラボレーションで生み出されていること……云々。

こうしたコンテクストがあると、この商品を買う意味、着る意味、語る意味などが大きく変容してくるでしょう。価値創造とは本質的にこういうことです。

このように、**物事はほぼコンテクストによって意味や価値、機能が決定しますが、私たちは驚くほどその事実に無自覚**です。

日ごろからコンテクストを意識し、あえて通常の文脈から切り離して別の文脈で適応することで、新たな意味や価値、機能が見えてくるなど、**コンテクストの認識は暗黙の想定を意識化する創造性や発見の手っ取り早いトリガーになる**ものです。

【対象を変える：想定の外を内に入れる】

市場調査には昔から、平均的なユーザーだけではなく極端なヘビーユーザー、逆に離脱ユーザーやアンチ、あるいは想定ターゲットとはまったく違うペルソナの人を調べることで、平均的なユーザーを見ているだけでは気づけない機会や課題を発掘するという方法があります。まさに「想定の外を内に入れる」工夫のひとつです。

実践的には、想定の外を「真ん中に据える」まではいかずとも「垣間見る」ことで、既存の改良・強化・差別化、製品ライン拡張、隣接市場開拓、マーケティングに活かすチャンスなどが発見されます。これはこれで大いに価値があることです。

しかし、もっと先へもっと過激に想定の外を内に入れる方策もあります。想定外を垣間見る程度ではなく真に内に入れるために、**想定の常識は全部捨てて想定外に完全にアダプトし、その結果、元の姿とは似ても似つかぬものに変貌を遂げさせる**方向です。

RIZAPが手掛ける「チョコザップ」は、過激に外を内に入れた好例と思います。従来のジムとは無縁な人をターゲットに、24時間無人営業、通い放題、駅前で仕事帰りにちょっと立ち寄り、ちょっと運動、普段着で通える手軽さ、手ごろな価格設定、さらにネイルや歯のホワイトニングなどのエステティックなど、ジムと関係ないサービスも取り揃え、従来のパーソナルジムのパラダイムからはかけ離れていて、ほとんど別の業態にさえ思えます。エクササイズのガチ勢は敬遠するでしょうし、むしろサービス側も来て欲しくない、排除したいと考えているかもしれません。チョコザップユーザー側からすると、ガチ勢は異質で目障りな人でしかなく、つまり似て非なる別ものです。

想定外を真に内に取り込むとはこういうことです。仮に既存のRIZAPを軸にした改良や差別化を探す発想だったなら、想定外ユーザーを観察したところで永遠にチョコザップにはたどり着かなかったかもしれません。

【結果を考える：想定外の結果を受け入れる】

何を実行したにせよ、結果がまったく想定通りということはほとんどないと思います。そして、多くの場合、そうした結果に対して「おおむね想定通りかどうか」を確認して安心します。それはそれでいいのですが、**創造的発見では、「想定通りではないところ」にこそチャンスが潜んでいます。**創造的発見につながりやすい代表的な「想定外」を3つ概説しておきます。

【Side Effect（サイドエフェクト）】

意図せぬ効果が見つかったなら、その活用方法を考えてみるべきです。

医薬分野ではよくあることで、たとえば、発毛剤として医学的に効果が認められた成分であるミノキシジルは、高血圧の治療薬を使用した患者の予期せぬ副作用として毛髪の増加が観察されたのがきっかけで再開発されたものです。

意図せぬ効果（副作用）は医薬分野に限った話ではありません。超古典例ですが、ポストイットは、強力な接着剤の開発過程で誤ってできた低粘着性の接着剤について、その使い道はないか模索し、しおりとして本に挟むアイデアを考え付いたことから生まれました。

【Unexpected Use（アンエクスペクテッドユース）】

ユーザーによる想定外の使い方にも大きなヒントが隠れています。

Instagramは、もともと「Burbn」という位置情報共有アプリから生まれたものです。Burbnは、ユーザー同士で位置を共有することをメイン機能としていましたが、ほとんどのユーザーが離脱しました。そこでユーザー行動を分析したところ、メイン機能はほとんど使われてないものの、写真の共有機能ばかりが頻繁に使われていることが判明します。そこで、それに特化したシンプルなアプリへとピボットしたことで、今や10億人を超えるユーザーが日常的に使うＳＮＳアプリへと成長しました。

また、はさみの刃がいくつも重なった形状で、郵便物などを細かく切って個人情報を守る「シュレッダーはさみ」は、もともと海苔を切って、刻み海苔を手軽に作れる商品として開発されたものです。しかし、売り上げは伸びず苦戦していたと言います。そんな中、「海苔ではなく、郵便物を切り刻むのに使っている」というユーザーの声を聞きます。そこで試しに文具用品として販売したところ、思いがけない大ヒット商品となりました。

【Miss Match（ミスマッチ）】

モノとコンテクストの間にミスマッチがあると、その解消を考えることが新たな発想につながります。

ジョンソン・エンド・ジョンソン社が世に出したバンドエイドは、実はミスマッチの解消から生まれました。同社の社員アール・E・ディクソンの妻は、台所に立つたび、手をけがしていました。その手当の際、既存の包帯やガーゼは一人で巻くことができず、ディクソンが包帯を妻の指に巻いていたのですが、常に妻と一緒にいられるわけではありません。いわば、包帯やガーゼという医療品と、台所などでの頻繁なちょっとした傷の手当を行うというコンテクストとの間にミスマッチがあったわけです。妻が一人でもけがの手当ができる方法はないか。そう考え、包帯の代わりに自分で簡単に着脱できる医療用テープを使うことを思いつき、その中央にガーゼを付けたものを用意したのが、「バンドエイド」の始まりでした。

対象のセットアップを事例で説明してきました。後知恵に過ぎないと思われたかもしれません。「そんなきれいごとの机上論と実際は全然違う。悪戦苦闘し試行錯誤の末に結果として起業の成功があるのだ」と語る人がたまにいますが、新しいものを作るのに悪戦苦闘や試行錯誤するのは当たり前で、単に自身の成功を神聖化したいだけの傲慢との謗《そし》りは免れません。**学びには後知恵が大事**なのです。

新たな切り口から光をあてて見えていなかった、意識していなかったパターンを浮かび上がらせることが後知恵です。

「思考の前提を問う」「制約を解除する問い」によって通常の思考枠の外に出て、思考を非日常モードへシフトする方策。そして、思考を非日常で働かせ続けるための思考の切り口セットアップのテクニック。これらによってトップ5％の思考枠を誰もが実践できるようになるはずです。

Column 3

初プロジェクトの思い出【後編】

完全に委縮モードに入っていた私は、言われたことをすべてこなそうと、ほぼ毎日深夜残業をしていました。そんなとき、別のプロジェクトをやっていた学卒の先輩と深夜の事務所で2人だけになった日のことです。Macに向かってじっとデータを眺めている先輩に私は何の気なしに声をかけてみました。

私　　：「三谷さん、何をやってらっしゃるんですか?」

三谷さん：「ん?　意識調査の分析。やんなきゃいけない集計は終わったんだけど、面白いことに気づいてさ。深掘りできないか考えてるんだよ。ほら、このグラフ。なんか気づかない?　俺には○○（何か忘れました）に読み取れるんだよ。この仮説をサポートできないか、他の切り口での分析を試しているところ」

私　　：「……僕は言われたことだけで手一杯で、そんな余裕まったくないです」

三谷さん：「で、いつまで言われたことだけやってるつもり？　言われたことしかやんないでいると、言われたことしかできないやつと思われて、言われることがどんどん増えて、ますます何もできなくなるよ。生データを触ってるんだから、なんか違う切り口で気づくはずだろ。お前にパッケージなんて誰も求めてないさ。分析1枚でいいのに。遠藤さんの下でやってるんだろ？　何か試して相談してみろよ。遠藤さんだって、そのほうが助かるんだから」

「1枚でいいんだ」「相談していいんだ」「それって助けになるんだ」三谷さんにすれば当たり前のことでも、当時の私には天啓であり、最高のアドバイスになりました。

余談ですが、仮説を持たずに分析することを戒める人は多いのですが、私は「仮説が立てられないうちはいじくり回せばいいんだよ」とアドバイスします。そうやって何度となく思いがけない発見を経験しました。プロジェクトの方向性を変えてしまうレベルの分析を出したこともあります。私はこれを「探査型分析」と名づけて、もっともらしく正当化していました（笑）。

さて、そうこうしてデータをいじくり回しているうちに1枚の相関グラフが偶然できました。その相関関係にはっきりした理由は見出せなかったのですが、そこに相関があるならこっちにもあるかもと試したら、また緩やかな相関が出て、さらに……とやっているうちに5枚くらいの相関グラフができたのです。

翌日、私は期待を持ちつつも自分ではロジックが見出せなかった負い目から、恐る恐る遠藤さんに「こんなんできちゃったんですけど……」といった感じで見せに行きました。

すると、遠藤さんは5枚のグラフをパパっとめくっては戻り、またためくってを数分間無言で繰り返したあと、おもむろに、「これってこう読むんじゃないか」と言いながらグラフの順番を入れ替え、ロジックを語ってくれました。そして、「だとしたら5枚はいらなくて、これとこれと、あと1枚、こんなのを作ってごらんよ。いいじゃないか、面白いよ」とアドバイスしてくれたのです。私は嬉しかったというか、「うっそ、マジ、こんなんでいいの？」みたいな感じでした（笑）。

次のミーティングで遠藤さんは、私が分析した3枚を自分のパッケージとは別にプレゼンしてくれました。そこでどんな議論がなされたか、今となっては思い出せないというか、ほとんど理解してなかったのですが、ミーティング終了後、マネージャーのRさんが「グッドジョブ」とほめてくれたことだけは鮮明に覚えています。

そして、その分析をきっかけに、競合他社分析のサブモジュールをRさんが直で私にアサインしてくれたのです。それはほんの小さな、本筋とはあまり関係のないようなモジュールだったため、常識的に言えば、わざわざマネージャーが直に手を煩わせずとも、遠藤さんに預けて私を下請けにし続けることで事足りたはずです。しかし、Rさんはそうはせず、チャンスをくれたのです。

私はようやくメンバーの端くれとして認められたという思いで感無量でした。遠藤さんの下請は今まで通りやりつつ、自分のモジュールも持ったので時間的にはさらにきつくなりましたが、まったく苦ではありません。遠藤さんは、聞けば何でもアドバイスをくれるし、Rさんも個別に進捗の打ち合わせをしてくれます。そしたら新人でもちゃんと前に進むんです。知識はほとんどなくても自分で考えることができるようになります。

一人でインタビューに行く経験もさせてもらいました。ミーティングでも、たどたどしくはあってもプレゼンする機会が与えられ、自分で考えた分析が議論されると、他のパートもある程度は理解でき、少しは議論にも参加できるようになって、ゆっくりではあるけれど着実にチームの輪の中に溶け込めるようになりました。

プロジェクト自体大きくはないし、短期でひと通りの戦略アウトプットを出すという性格のものであったため、新人の私でもいったんチームの輪の中に入ってしまえば全体像が見えやすく、ラッキーなことに私は最初のプロジェクトで、しかもかなり短期間にＢＣＧの仕事の進め方をひと通り学ぶことができたわけです。

最終報告後、クライアントから私のサブモジュールに関連するイシューをさらに深掘りするための小さなフォロープロジェクトが発注されました。経緯はわかりませんが、メンバーはRさんと遠藤さんと私。私はまたそこでもまた、みっちりしごいてもらうことができました。そんなこんなで終わったコンサルの第一歩は、とても素晴らしい経験になりました。

ちなみに、文中に出てきた三谷さんは『経営戦略全史』（ディスカヴァー・トゥエンティワン）などの著作で有名な三谷宏治さん、そして、遠藤さんは『現場力を鍛える』（東洋経済新報社）などの著作で有名な遠藤功さんです。

いやはや、今考えても驚くほど、私は最初からすごい人たちに囲まれていたんですね。

第3章

トップ5％が駆使する「戦略思考三種の神器」

戦略思考に絶大な成果を生む究極奥義とは

ここまで、戦略コンサルタントのトップ5%は「○○だと思われているが実は××」という世界の見方・見え方を更新するインサイトを得意としていること、そのインサイトは、「○○思考」など方法論に先立つ「思考態度」と、思考を非日常化する「思考枠」という2つの創造的思考の源泉によって実現し得ることをお伝えしてきました。

こうした思考態度や思考枠は、思考の対象や問題の大きさなどに拠らず発揮でき、汎用性の高い、言わば「創造的思考のOS」とでも呼び得るものです。

思考の非日常化の効果は、あらゆる場面で、むしろ日常生活や日常業務の中でこそ実感しやすいかもしれません。もっとも、何に対しても「本当か?」とツッコミを入れていると周囲から煙たがられます。心の中での自分ツッコミ中心にするとよいでしょう。

さて、日々の効果実感もいいのですが、やはり戦略コンサルタントの真骨頂は事業戦略や事業創造における卓越性と創造性です。そこでこの章では、これまで見てきた思考態度

［図 15］ 戦略思考三種の神器

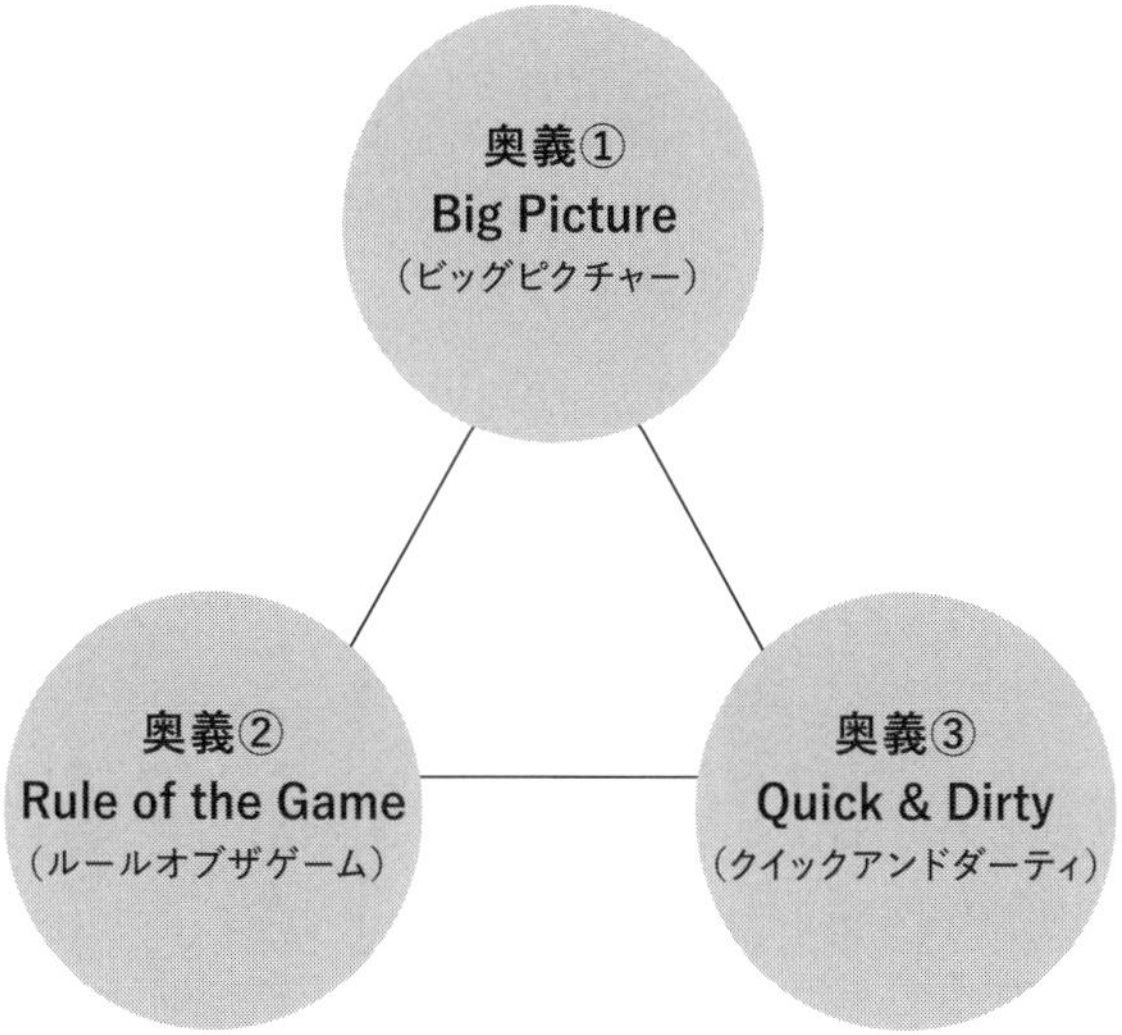

や思考枠を戦略思考に応用する、トップ5%の戦略思考術を見ていきます。

企業が抱える戦略課題の突破口を開き、凡庸ならざる発想やブレイクスルー解決を可能とする戦略コンサルタントの究極奥義、トップ5%が縦横無尽に使いこなしている戦略思考術を紹介します。具体的には図15の3つです。

私はこれらを「戦略思考三種の神器」と名付けています。戦略コンサルタントのトップ5%は、本人がどこまで意識しているかは別として、例外なく皆、これらの思考術を使いこなす達人です。

ビッグピクチャーでテーマを俯瞰

的・多角的・重層的に捉え、クイックアンドダーティで本質かつ有効な仮説へ素早くたどり着き、ルールオブザゲームで勝利の方程式を導きます。

そんなことができるのなら、戦略立案も事業構想もお手のもの、完璧じゃないですか。もちろん、いつも画期的な成果を生むとは限らないですが、その確率は確実に高くなります。誇張ではなく本当に、この三種の神器さえ使いこなせたら、トップ5％と同様に戦略における創造性を発揮できると思います。

どれも難しい話ではありません。コンセプトはとてもシンプルです。それでいてパワフルで切れ味は抜群。「○○に見えるが実は××」を戦略課題で実践可能にしてくれます。もちろん、使いこなすには修練が必要で、三種の神器は「習うよりも慣れろ」の精神が肝心です。それでは、それぞれ概略を見ていきましょう。

奥義

1 Big Picture（ビッグピクチャー）

今の視点よりひとつ上のレイヤーから見て捉える

この人は問題の捉え方が「深いな」とか、「広いな」と感じたことはありませんか。あなたもビッグピクチャーをマスターすればそういう人になれます。

事業会社ではさほど聞き慣れないかもしれませんが、戦略コンサルタントなら、「ビッグピクチャー」という言葉を耳にしたことが一度や二度ではないはずです。昔は皆、戦略コンサルタントとして一人前になっていくと、自然と使い始めていました。もしかすると一人前になった証だったかもしれません。

では、ビッグピクチャーとは何でしょうか。実は私自身、一度も先輩や同僚から定義を聞いたことがありません。ＢＣＧの新人時代、よく次のように問われました。

「ビッグピクチャーは?」
「まずは事業のビッグピクチャーを捉えようよ」
「その戦略からはビッグピクチャーが見えないな」

たとえば、あるプロジェクトで「米系投資銀行の日本市場におけるポジション分析をやってみて」と言われ、株式市場や債券市場でのトランザクションシェアや主幹事引受実績といった、「日本市場におけるポジション」っぽい分析をよくわからないまま何となくやって先輩に持っていくと、「まぁ、いいんだけどさあ、グローバルでの業界構造とか事業特性からビッグピクチャーを押さえてないと、ポジションの意味がわからないじゃない?」と指摘されました。「新人に言うことか」と思いましたが、昔のBCGでは新人なんて言い訳は通用しません。

最初は何を言われているのか、まったくわかりませんでしたが、要はグローバルでの金融市場における日本市場の位置づけおよびその特殊性、グローバルでの投資銀行事業のKSF(カギとなる成功要因)と主要な投資銀行のポジション、そこから見た日本市場のゆがみ、チャンスと脅威のようなことだったのでしょう。

もっと簡単に言えば、クライアントの米英におけるパフォーマンス、産業界における地位や役割など世界市場でのポジションを考慮したうえで、それに比べ日本でのポジションはどうなのかということを問われていました。

それからも、マネージャーや先輩からは事あるごとにビッグピクチャーが求められるのですが、それが何を指しているかは毎回違っています。でも、指示される点を押さえれば、確かに毎回見通しがすごくよくなるのでした。

そうこうしていると、それが指すイメージは前後の文脈からニュアンスでだいたい理解できるようになっていきます。ビッグピクチャーが指すことの微妙な違いは、テーマによるというより、その人の戦略思考の個性による違いに近いのですが、それでも何となくの共通項はあって、いつも要求されるだけの理由やメリットがあるわけです。

ちなみに、私はビッグピクチャーを次のように定義しています。

「当該テーマやイシューに対して、最も本質的・根源的なメカニズム、問題の構造や要素間の関係性、システム、それらを変動させるドライビングフォースは何かということ」

より シンプルに言い換えると、「構造と構造変化のドライビングフォース」です。それが私にとってのビッグピクチャーです。自分自身ではしっくりきていますが、読者の皆さんは「何を言っているんだ？」という感じだと思います。そこで、皆さんにとってもっと実践的で即戦力になる定義をしておきましょう。次のようになります。

「検討しているテーマやイシューに関して、今の視点よりひとつ上のレイヤーから見て捉えること」

これが戦略思考三種の神器のひとつ、ビッグピクチャーです。あっけないほど単純でしょう？ しかし、実践してみたらわかります。滅茶苦茶パワフルです。

多角的に物事を捉え、真に答えるべき問いにたどり着く

ビッグピクチャーにおいて、ひとつ上のレイヤーから見て捉えることは、単に「上の立場から物事を見る」ことではありません。

たとえば、ある市場カテゴリーにおけるプレミアム商品のマーケティング施策を検討す

る場合、プレミアム市場の市場規模や競合シェア、ここ数年での市場の変化、プレミアムユーザーの購買行動の分析、過去のマーケティング施策の効果分析などを行うのがまず考えられるアプローチです。それは当然行うべきことです。では、ビッグピクチャーから考えるとどうなるのか。

市場分析なら、プレミアム市場だけではなく、マス市場にも目を向けます。そして、マス市場とプレミアム市場は何が違うのか。なぜ、プレミアム市場が成立しているのか、マス市場はプレミアム市場にどんな影響を与えているのか、逆はどうかなどを見ていきます。

市場変化ならここ数年のミクロな変化だけでなく、10年前や20年前と今で構造的にどんな変化が起きてきたかなど、マクロ・長期での大きな地殻変動の痕跡とその歴史的・社会的・経済的背景や動因などを捉えます。

マーケティング施策なら、いわゆるマーケティングの4P（商品特性、価格、流通チャネル、プロモーション施策）を分析するのは当然ですが、ビッグピクチャーを使えば、マス市場や隣接他市場とのマーケティングの違い、競争行動の違い、さらには事業全体での自社マーケティングシステムの特徴や思想、現マーケティングシステムを支える組織構造、部門間インターフェース、商談や意思決定プロセス、スキル、人材などまで検討スコープに入れると見えてくるものがあるかもしれません。

最終的には「プレミアム商品のマーケティング施策」という元のレイヤーへと戻っていくのですが、ひとつ上のレイヤーから全体的な特徴や相対的な差異などを捉えることで、**表面の課題だけでなく、問題の構造や関連する要素間の関係性、それを変動させるドライビングフォースなど、有効な打ち手への見通しがはるかによくなる**というのが、ビッグピクチャーの本質です。元のレイヤーだけで考えていては見えなかったものが、ひとつ上のレイヤーを介することで明らかになるのです。

また、少し言及しましたが、ひとつ上のレイヤーから見るとは、「相対の視点」を導入することでもあります。たとえば、「戦略とは何か」と問われたらどう答えますか。

もちろん、戦略だけで論じたり定義したりすることもできますが、それよりも、「戦術とはどう違うか」など対概念と相対比較するなどでより輪郭がはっきりします。

「男とは何か」を論じるなら、「女とは」「女との違いは」という対の問いがすぐに浮かぶでしょう。さらには、「男らしさとは何か」「そもそも性とは何か」「生物学的性に対してジェンダーとは何か」などまで考えが及んでくれば、「男とは何か」という単純な問いから非常にスコープの広く問題意識の深い議論へとつながっていきます。

継続して習熟できれば戦略思考力が爆上がりする

単に当該テーマに対する解決策などを直接的・短絡的に導くのとは違い、ビッグピクチャーでは物事を相対的、複合的、複眼的、多面的に捉えます。したがって、ビッグピクチャーという思考が習慣化すると、必然的に物事を吟味し、真に答えるべき問いは何なのか、立ち止まって深く考えるようになります。お気づきの通り、これはまさに思考枠を広げる戦略思考への応用なのです。

思考のビッグピクチャーをいつ考えればよいか、使いどころやタイミングに関して特に制約はありませんが、私の経験上、有効に機能しやすいタイミングがいくつかあります。

何かの検討開始段階でテーマやアジェンダについて考えを深める際に活用し、思考枠を広げるのは、もっともわかりやすい使い方です。**プロジェクトなどで考えが行き詰まってしまったときにも有効**です。ビッグピクチャーによってひとつ上のレイヤーから視野・視座・視角を切り替えてきっかけを掴み、新たな切り口を見出すことで、突破口が開けることがよくあります。

また、結論が固まって戦略もほぼ仕上がったあと、最後の最後でもう一度、それらをひとつ上のレイヤーから眺めることで、この戦略が自社の組織全体、あるいは業界構造、さらには社会システム全体の中でどのような意味を持つか、どんなインパクトを与え、逆にどんな反作用を受けるかなど、戦略の意味合いをより深く、より明確に認識する契機になります。

ひとつ上のレイヤーから見てみるビッグピクチャーは、とてもシンプルな思考術ですが、今まで意識のなかった人にはおそらく、「劇的ビフォーアフター」です。継続して習熟していくことができれば、戦略思考力が爆上がりするインパクトがあることは保証します。

なお、何がひとつ上なのかはアジェンダや今見ている視点によってケースバイケースで考えていくべきものですが、それにはやはり経験と知見の蓄積がものを言います。慣れるまで最初のうちはポーターの5フォースやバリューチェーン、戦略の3C、STEEP（Society Technology Economy Environment Politics）など、既存のマクロ分析フレームワークなどを使って考えるところから始めてもよいでしょう。

事業をシステムとして捉える

最後にビッグピクチャーの応用技をひとつ紹介しておきましょう。それは**事業を個々のパーツではなく全体のシステムとして見る方法**です。もう少し言うと、事業＝環境適合システムという見方です。

かつてはうまくいっていたのに、小さなほころびから徐々に大きな問題が生じてきて、しかも原因がはっきりしないとき、詳細な分析に先立って、とりあえず「環境と事業システムがミスマッチを起こしているのでは？」と考えてみることはかなり有効です。

理由は簡単です。かつてうまくいっていたということは事業システムが環境とマッチし、ある種の均衡を得ていたことを意味します。そして、徐々に問題が大きくなってきたということは環境とのミスマッチにより、不均衡が累積していることを示唆します。原因がはっきりしないのは、何かひとつの要因だけが問題ではなく、要因間の関係・関連、すなわち一連の事業システムがミスマッチを起こし、ズレてきている可能性があるということです。

私たちは何か問題を前にしたとき、ひとつの大きな原因を探す思考に慣れています。機械の故障の原因を探すような思考です。ですが、**広く環境との相互作用や社会的諸関係の中で行われる活動においては、ズレがズレを連鎖的に生むことで不均衡が累積し、全体が大きな不整合をきたしていく**傾向にあります。

身近な例だと地球環境問題などはその典型ですが、実は事業においてもことごとくシステムミスマッチの問題は起こっていて、ズレが小さいうちは気づくことが難しく、ひとつの原因対処思考でも近似的に一定の解決が得られているわけです。でも、それでうまくいかないときは、事業システム全体のミスマッチを疑うべきでしょう。

事業システムミスマッチの事例をひとつ見ておきましょう。かつて、10代の間でカリスマ的な人気を博したアパレルブランドがありました。周りより目立つグループの子たちの勝負アイテムとして東京の一部の高校生・大学生の間で流行っていたのですが、目立つ子たちに憧れる層にも徐々に広がり、最終的には全国で爆発的ヒットとなり、ちょっとした社会現象にもなりました。商品は出せば売れる状態で、トレンドセッター（トレンドを先取りする人）的な存在のデザイナーがデザインした限定的なコーディネートをマネキン中心のＶＭＤ（ビジュアルマーチャンダイジング）で訴求すれば、それを丸ごと真似たがる顧客が群がるといった状態でした。

大ブームのあと、流行を支えた10代の子たちも20代となり、ブランド側もターゲットを20代へシフトしました。テイストを少し落ち着かせ、出店場所も流行を発信する街中ファッションビルから、通勤帰りなどに立ち寄れる人通りの多いターミナル駅ビルなどへ移し、その結果、かつての爆発的な売上には及ばないものの、それなりの売上を上げていました。しかし、収益性は惨憺たるもので、特に問題だったのは大量の売れ残りです。かつては出せばすぐ売り切れたのが、今はセールをしても4割以上売れ残ってしまうアイテムが出る始末です。

経営陣はデザイナーのデザインやセンスが時代遅れになっていることが最大の問題と認識し、デザイン体制を刷新することが急務と考えました。ですが、デザイン体制を刷新しても問題解決には至らず、会社はついに赤字に転落。これはかつて環境にフィットしていた事業システムがミスマッチを起こしている典型例だったのです。

顧客や売り場、買い方をスノッブ消費やバンドワゴン消費の目的買いからコンビニエンス消費の流動客立ち寄り買いへとシフトした時点で、事業システム全体をブランドのプロダクトアウトから店頭マーケットプルへシフトしなければならなかったのです。

初動で売れ筋を素早く分析し追加ＭＤで機動的に修正・絞り込みするプロセスやＭＤ短サイクル化、プロダクトアウトのコストではなく店頭での要求価格から逆算した素材コストや制作コストとデザインのすり合わせプロセス、量産よりもフレキシビリティを重視した生産委託体制、各機能をコンカレントに連携させる組織運営システムなど、事業システム全体をレスポンス型にシフトする必要がありました。

事業システム全体のシフトには既存システムや組織からの大きな抵抗がかかりますから、逆説的ですが、じっくり時間をかけてやるのではなく、一気呵成にやりきることが肝要です。果たして、この企業も強引ながら半年で事業システムの基本的なシフトを完遂し、収益も黒字体質へと転換しました。

ちなみに、抽象論になりますが、事業＝システムの観点から戦略を定義すると、システムに意図的な動的不均衡を引き起こし、新たに自社に有利な均衡をもたらす一連の施策が戦略となります。動的不均衡を引き起こした結果、既存に適合した競合の事業システムはミスマッチを起こします。逆に言えば、事業環境と自社の事業システムのミスマッチが戦略上の重要課題になり得るということです。

奥義 2 Rule of The Game（ルールオブザゲーム）

戦略思考におけるゲームルール

ビジネスにおいて「ゲーム」という言葉を聞いたことはあるでしょうか。戦略コンサルタントなら「このビジネスのゲームルールは何だ？」とか、「このゲームルールは変えられないか？」なんてことを日常的に言ったり聞いたりします。

また、最近はイノベーションや事業創造、業界再編などの文脈で「ゲームチェンジ」という言葉が使われ、メディアなどでも登場するので、耳にしたことがあるかもしれません。ゲームチェンジは、ビジネスや市場のあり方を根本から変えることを指しているようで、「スマートフォンの登場は携帯電話市場にゲームチェンジを引き起こした」といった具合に使われます。

ところで、ここで言うゲームとは何でしょうか。なぜ、ビジネスでゲームという言葉が使われるのでしょうか。

普通は、そんなことを考えたことはないですよね。あるいは、「ビジネスってゲームみたいだから比喩表現なのだろう、それ以上深い意味なんてあるのか」という意見も聞こえてきそうです。しかし、ここにも、トップ5％の凡庸ならざる戦略思考のヒントが隠れています。

そこで、戦略思考における「ゲームルール」について考察を深めていきます。まず、一般用語としての「ゲーム」における「ゲームルール」とは何でしょうか。この定義は、一見シンプルなようで実はなかなか厄介です。禅問答のようになりますが、お付き合いください。

そもそもゲームとは何でしょうか。サッカーや野球などのスポーツ、缶蹴りや鬼ごっこのような遊戯、カードゲーム、ボードゲーム、オンラインゲーム、カジノのようなギャンブルなど幅広いものがゲームに含まれます。それらの特徴を枚挙していってもなかなか「ゲームとは何か」にたどり着きません。でも、どうやら、あらゆるゲームに共通する条件はありそうです。それは、どんなゲームにも必ずルールがあるということです。

さらに、何か具体的なゲームを定義しようとすると、どうなるでしょうか。たとえば、ポーカーなら、トランプを使うといった外形的な特徴はもちろんありますが、トランプだとブラックジャックも7ならべも神経衰弱もあります。そして、ポーカーは何なのかというと、結局、ルールを説明することになるはずです。

そうです。あるゲームを他のゲームと区別するのはルールです。すなわち「ゲームとはルール」であり、ゲームとゲームルールはほとんどトートロジー（同義語反復）なのです。

そのため、「ゲームルールとは何か」は定義不能ですが、強いて言えば、次に挙げた2つのように、ゲームに定義や秩序を与える諸規則といった感じでしょうか。

①当該ゲームは何を巡って競い合い、どうなれば勝敗が決まるか
②ゲームはどのような手順で進行し、最低限守るべき規則と違反行為は何か

でも、これはゲーム自体の定義と一緒です。やぱり「ゲーム」と「ゲームルール」はほぼ同義なのです。ちょっと面白いでしょう。でも、だから何なのだという意見はごもっともです。焦らないでください。ここからが本番です。

次に「ビジネスにおけるゲーム」とは何でしょうか。ビジネスはゲームではないので、たとえなわけですが、たとえる以上は何か似ているはずです。ビジネスは何を巡って争うゲームなのか。お金儲けでしょうか。確かに、それも一理ありますが、それならギャンブルも同じです。

では、逆にギャンブルとはどういうゲームかを考えてみると、ギャンブルというゲームはありません。ギャンブルというカテゴリーの下に、スロットやカードゲーム、ルーレットなどの種類があり、さらに、その下にカードゲームならポーカーやブラックジャック、バカラなどの具体的なゲームがあるわけです。

図16は、ギャンブルとビジネスを対比させたものです。ギャンブルであれば、ゲームに種類があって、それぞれのゲームはルールで定義されます。一方、ビジネスはどうでしょうか。ビジネスという事業はなくて、ビジネスの下に金融やコンピュータ、製薬など産業の種類があり、さらに、その下にコンピュータ産業ならPCやソフトウェア開発、周辺機器といった具体的な事業があるという構造です。

ビジネスにおけるゲームやゲームルールに大分近づいてきました。とはいえ、所詮アナロジーなので完全に対比されるものではありません。

［図 16］ギャンブルとビジネスの対比

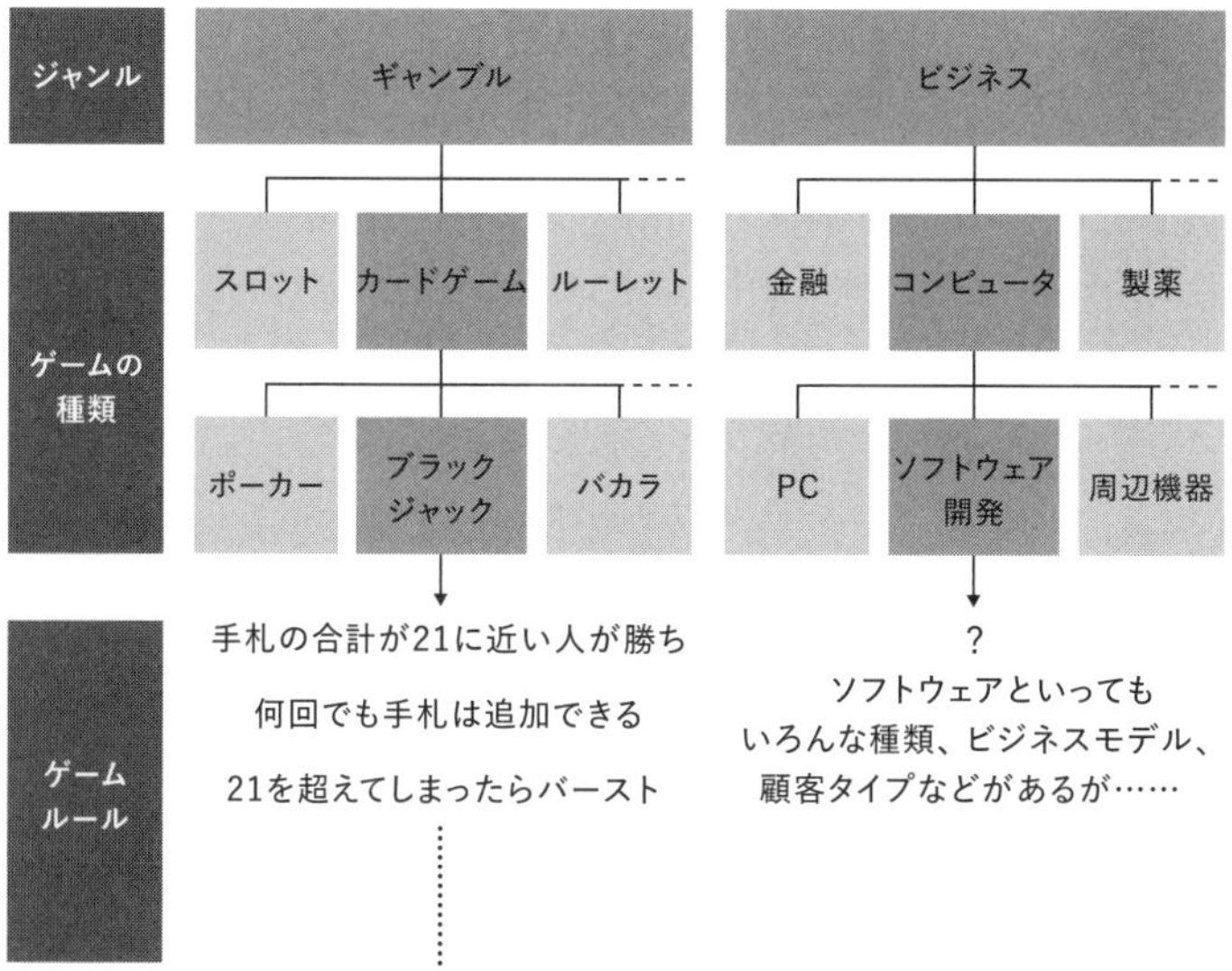

ビジネスにおけるゲームルールは2つ

ビジネスにおけるゲームやゲームルールは、先ほどのアナロジーを踏まえると、次のような定義が考えられます。

ゲームルール①ゲーム自体の定義
「そのビジネスでは何を巡って誰とどう争うのか」

このように定義したところで一見何の示唆もなさそうです。しかし、少し考えてみましょう。ビジネスにおいて、どんな事業（＝ゲーム）であっても、何を巡って誰とどう争うのかはあらかじめ決まっているでしょうか。

答えは2つあります。ひとつは既存の産業構造や商慣習を前提とすれば、「決まっている」と言えます。たとえば、冷凍食品であれば、メインの流通チャネルはスーパーで、売上はスーパーの棚に並び続けるかどうかで決まり、同種の競合製品と限られた棚枠の確保と維持を争い、棚に並び続けるにはリピート購買されることが重要で、リピートされるには……。このような具合にだいたいは決まっています。

そして、ゲームが決まっていると、そのゲームではどう戦えば勝てるか、勝利の方程式についても、ある程度は定石が決まってきます。少し紛らわしいのですが、昔から戦略論の世界では、ある事業（＝ゲーム）における勝利の方程式のことを「ゲームルール」と呼んできました。ここでは、「ルール」は勝利の「法則」という意味合いで使われています。ということで、ゲームルールの2つ目は次のようになります。

ゲームルール②競争優位の方策「このビジネスではどう戦えば勝利の可能性が高いか」

つまり、ビジネスにおけるゲームルールには、2つの異なるレイヤーがあるわけです。ひとつは、ゲームそのものの定義、もうひとつはそのゲームにおける勝利の法則や方程式です。戦略論の世界では、ルール②を「事業における競争優位の源泉」と呼び、この競争優位の源泉や競争優位をもたらす法則、メカニズムを解明することが重視されます。

しかし、よく考えてみると、ルール②はそもそもルール①の「これはどんなゲームなのか」によってある程度決まるわけです。そして、実はルール①「何を巡って誰とどう争うか」は、そんなに明らかでもなければ不変なわけでもありません。もっと言えば、既存事業の枠内であっても、ゲームには選択の余地があるのです。

たとえば、先ほどの冷凍加工食品の例で、「低価格を求めるお客様を巡って競合商品Aと争う」こともできれば、「品質や本格さを求めるお客様を巡って競合製品Bと争う」こともできるかもしれません。両方ともやるのか、どちらかにフォーカスするのかなどの選択肢もあります。そして、低価格市場なら競合よりも低価格を実現する方策、それが勝利の方程式、すなわちルール②になるわけです。

さらに、「実は手作り感を求めて少しのひと手間を望むお客様がいるが、それを満足させる商品は市場にないから、それを作ってみよう」というのもあり得ます。これはルール①とルール②の狭間くらいにある選択肢です。スーパーでの棚を争う大きなゲームルールの範疇ですが、具体的に何を巡るゲームかを変えることで新たな競争優位をもたらしています。

いかがでしょうか。実はこの一連のシンプルなストーリーの中に競争戦略論のエッセンスがほぼすべて入っています。**戦略とはルール①の選択（または後述の創造）によって自社に有利なルール②を押さえること**です。もっと細かくて難しい専門的な議論や理論はいくらでもありますが、本質はいたってシンプルです。しかしながら、戦略論などを勉強していくと、この本質を見失いがちです。

さらに言うと、そもそもこの本質、すなわちゲームルールは①と②の階層構造であることを明確に認識できている人はあまりいません。一方、戦略コンサルタントのトップ5%はそれをよく理解していて、原理的に「一体どんなゲームなのか、どんなゲームがあり得るか（ルール①）」をしっかり定義・解明したうえで、「だとしたら、どうすれば勝てるのか（ルール②）」を具体的に考えていくことを習慣化しています。競争優位論の上面を振り回すだけの思考とは無縁です。

ゲームチェンジの成功で手にする莫大な利益

さて、前項の「何を巡って誰とどう争っているかはあらかじめ決まっているか」という問いに対して、答えは2つあるとしましたが、もうひとつの答えを回収していませんでした。もうひとつの答えは「決まっていない」です。つまり、既存のゲームを壊す可能性は開かれているということです。

先ほどの冷凍加工食品の例ですと、「ひと手間ニーズに応える」というのは既存のゲーム①に変局をもたらしています。しかし、たとえば、「スーパーの棚確保」という大きなゲームルールは変わっておらず、「いかにいい棚を押さえ続けるか」というルール②の条件にも大きな変化はありません。

すると、当初は市場のホワイトスペースに自社だけ商品を展開できたとしても、これがうまくいけば、すぐに競合、特に大手が模倣し既存のルール②における棚割り商談の強みで押し込んでくる可能性があるかもしれません。つまり、「ひと手間ニーズに応える」程度だと、大きくは既存のルール①におけるルール②が支配するゲームの範疇かもしれないということです。

ところが、ここで既存冷凍食品事業における構造的で大きなアンメットニーズに着目したとします。

「高齢者一人世帯が増えていて料理を作るのが大変なので、よく冷凍食品を使っている」
「でも、冷凍食品は重たいので、そんなにまとめ買いできない」
「そのうえ商品の大きさやかたちがバラバラなので冷凍庫で保存するにも限りがある」
「しかも、それほど種類が多くもなく、さすがに毎日だと飽きてくる」

そこで、次のようなビジネスを思いついたとしましょう。

「スーパーで売らず、冷凍食品を2週間分まとめて自宅に届けるサービスはどうか」
「商品パッケージは規格を統一し、冷凍庫にセットで収納できるのはどうか」
「スーパーほど量産の必要はないので、レシピを2週間ごと少しずつ変えるのはどうか」

これは、顧客への提供価値、価値を実現する商品やサービス、価値を届けるデリバリーシステムなどが、既存の量産・スーパー向け冷凍食品事業とは大きく変わっています。言わば、ルール①が根本から変わっています。

これが世に言う「ゲームチェンジ」に相当します。そして、**ルール①が根本的に変わると、往々にしてルール②も大きく変わります。**先ほどの例にあった「スーパーの棚を押さえる力」なんて何の関係もなくなります。

むしろ、このビジネスを実現するには既存とはまったく異なる固有のビジネスシステムを構築する必要があり、そのビジネスシステムをマルっと模倣するのはそう簡単ではなく、時間もかかるはずです。時間がかかっている間に顧客接点を押さえてしまえば、そう簡単にはひっくり返されないはずです。戦略論の用語で換言すれば、「大きな固有費」がかかる「特化事業」であるうえに、「模倣困難な事業システム複雑性」も伴う「複合的競合優位性構築の可能性」があるということです。

このように、ルール②を大きく変えるゲームチェンジに成功すれば、見返りは莫大なものになることが多いのです。

この冷凍食品のアイデア自体は大したものではないですが、大したアイデアかどうかは戦略的には大して重要ではありません。重要なのはこのアイデアによってルール①とルール②が具体的にどう変わるかを構想できるか否かです。

なお、この程度のゲームチェンジアイデアなら、ルール①とルール②を意識的に考える習慣さえ身につけば、誰でもすぐ考えられるようになります。すぐ考えられるアイデアなんてたいていは本当に大したことないか、実現可能性が低いかですが、それでも発想の源にはなり得ます。

ゲームチェンジの実例は探してみるといろいろとあります。ここでは有名な例をひとつ、復習がてら見ておきましょう。

ゲームルール②を制したプレーヤーが最終的には勝つ

「Google vs Yahoo!」の検索エンジンの戦いは示唆的です。今や検索エンジンはGoogleの圧勝ですが、実は2000年代半ばまで先行者であるYahoo!のほうが優勢で、日本でもみんなYahoo!を使っていました。

検索窓のみが表示されるシンプルなトップページのGoogleに対し、ニュースやリンク、カレンダーなどの副次機能がこれでもかと詰まったYahoo!のトップページは、まさにインターネットによる情報新時代への入り口という感じで、ポータルサイトとしてのデファクトスタンダードを確立していったのです。実は2001年から3年ほどの間、Yahoo!はGoogleの検索エンジンを採用していましたが、人々は検索機能ではなく、サイトのデザインやユーザビリティでYahoo!を入口にしていたわけです。ここまではどういうゲームかというと、次のような感じでしょうか。

「検索サイトとしてのデファクトシェアを巡って争い、情報提供などの付帯サービスの利便性でポータルとしての地位を勝ち取る」

ところが、2000年代後半から一気に様相が変わっていきます。スマートフォンの登場によってです。Googleがとった戦略は、スマートフォンOS開発ベンチャー企業アンドロイド社を買収し、その後、アンドロイドOSをオープンソース化して誰でも無償で使えるようにして、OSとGoogleの各サービスを連携させていきます。そして、スマートフォンメーカーのほとんどがオープンソースのアンドロイドOSを採用することで、OS

と共に検索エンジンを含むGoogleのサービスが一気に浸透していきます。

Googleが仕掛けたゲームチェンジとその成果は明らかです。Googleは検索サイト＝アプリ層での争いから、より基底的なOS層の浸透へといつの間にかゲームを転換していました。にもかかわらず、Yahoo!側は相変わらず検索サイトのアプリ層でのデザインやユーザビリティで戦おうとしていたわけです。

ゲーム①がまったく変わっているのに、昔と同じゲーム①を前提とした戦い方（＝ゲーム②）をそのまま変えないというのは、ゲームチェンジの環境変化に対する典型的な失敗です。

ゲームチェンジでは往々にして敗れた側が一見間抜けにさえ思えますが、実はゲームルール①とゲームルール②を相当意識的に考えていないと、**変化の只中ではルール①が転換していることに気づくのが難しく、だから戦い方＝ルール②を変えなくてもまだ有効だと思ってしまいがち**なのです。

ルール①の転換に気づきにくいというのはにわかに信じがたいでしょう。相手が何をしているのか、表面上はもちろん見えています。でも、戦略論の観点でのルール①が転換していることに気づかないと、表面上の変化が見えていても意味がないのです。戦略論の観点でのルール①の転換とは既存ゲームの破壊であり、ほとんどの場合は既存のルール②をまったく無効化してしまいます。それでも既存の戦い方を続けているとダメージは加速し、壊滅的な影響を被るのです。

ゲームチェンジに関する最重要ポイントはルール②が転換するかどうかです。よく、新しい提供価値、今までにないビジネスモデルが登場します。それによってゲームチェンジが起きたなどと言われます。

一般的なビジネス会話としてなら何も問題ありません。でも、戦略論として見たら、既存の優位性の破壊や転換を伴うかどうかが大事で、伴わないのならいくら表面上のゲームが変わっても、結局、既存のルール②を押さえているプレーヤーが最終的に勝つ可能性が高いのです。ルール②の転換を伴わないルール①の転換や創造は、事業創造論としてはともかく、戦略論としては他愛のない話ということです。

戦略思考としてのゲームルールがコンセプトはとてもシンプルでも滅茶苦茶パワフルというのは、ビッグピクチャーと同じです。私自身、競争戦略がテーマのときには本当に、何はなくともまず、ルール①と②を考え抜くことに始まり、最後はルール①と②を押さえた戦略を立てることで終わります。極論すれば、それだけを考えられたら十分です。

逆に、ルール①と②という意識がないと少なくとも戦略の観点からはどうでもいいことやどちらでも構わない細事の議論に終始しがちです。

ぜひ、ルール①と②の本質を考える癖を付けて、効果的な戦略を立てられるようになりたいものです。ルール②については、戦略論における定石的な競争優位の源泉や法則、戦い方などを勉強するのもよいことです。

とはいえ、戦略コンサルタントでもないかぎりは、詳細な専門知識を学ぶ必要はありません。むしろ、様々な事例を見て、どういうルール①やルール②が働いているのか、どのようにルール②を転換したのかなどを考えて見ることが実践的な戦略眼を身につけるには効果的です。血肉にできた事例の数と戦略立案の質・力はかなり比例するでしょう。

奥義 3 Quick & Dirty（クイックアンドダーティ）

本質を抉り出し、蓋然性の高い仮説に素早くたどり着く

「クイックアンドダーティ」は、通常のビジネスシーンでは文字通り「早くて粗い」ことを意味し、「完成度は多少低くてもいいからできるだけ素早くかたちにする」というニュアンスで使われているかと思います。それはそれでアウトプットの生産性向上やクオリティの担保には有効な仕事術です。

しかし、戦略思考におけるクイックアンドダーティはまったく意味が異なります。戦略思考では、次のような方法を意味します。

本質にもとる枝葉の情報を大胆に切り落とし、
本質的な情報だけに基づいて推論を重ね、

蓋然性の高い仮説にたどり着く

実践上は手元にある（今使える）限られた材料や情報からさらに本質的なものを絞って考えていきます。そのため、情報は粗いのですが、そこから蓋然性の高い仮説にたどり着くためには、思考自体は精緻に積み上げていかねばなりません。粗いのは情報だけで思考は緻密です。

クイックアンドダーティは、戦略ロジックやメカニズム仮説を導く方向でも使えますし、逆に仮説を検証する方向でも使えます。どちらの方向で活用するにしても**カギはアブダクションによる仮説推論とモデル思考**です。

思考法をよく勉強している方だと、フェルミ推定と何が違うのかと思うかもしれません。限られた情報を手掛かりに論理的推論で答えのあたりを付けるという部分は似ていますし、日常的な問題解決の範疇であればフェルミ推定で十分です。しかし、**本格的で複雑な戦略課題に対しては、むしろ情報の取捨選択やメカニズムなど本質の洞察が重要で、通常のフェルミ推定だけでは深い仮説にまで推論が届きません。**

一方、情報を選択しメカニズムを洞察したあと、その限定した情報で推論を行うところはフェルミ推定の思考も活かせます。フェルミ推定はクイックアンドダーティのパーツと理解しておくとよいでしょう。

実は、戦略思考三種の神器の中で、一番の職人技がクイックアンドダーティです。プロジェクトにおける実践やケーススタディなどの演習を通じて習得していくものになります。文章だけでお伝えするのにはどうしても限界もありますが、事例を通して、感覚的にでもクイックアンドダーティの思考の進め方を感じていただけたらと思います。

たったひとつのミーティングから生まれた黒字化の秘策

ある企業向けサービスの総合大手企業（A社）は、日本の経済成長と共に発展し、大口の顧客に対してサービス品質とコスト競争力で優位に立ち、かつては業界2番手に君臨していました。しかし、時代と共に顧客のニーズは移り変わり、小口の高付加価値・高単価サービスが台頭します。

それまで弱小で瀕死だったある競合企業が、倒産直前の最後の手段として小口サービスを開発し、全経営資源を集中したところ大ヒットして高収益を実現しました。それを見て同じく弱小だった別の競合も小口サービスに特化して成功し、瞬く間に売上1位と2位の座に躍り出ました。

A社を含む大手総合各社は当初、小口サービスを「あんな高価格で需要があるはずがない」と端から否定していました。よくある光景です。ところが、小口特化プレーヤーの成功を見て、慌てて各社も小口の高付加価値サービスに参入します。しかし、特化したプレーヤーの優位は揺るがず、シェアをほとんど伸ばせませんでした。

その間に大口サービスの単価は切り下がり、A社の売上は漸減、3番手グループに凋落したばかりか、ついに本業赤字に転落します。私たちは挽回のための支援を求められました。

A社の経営陣は、「売上が減っているとはいえ、3番手グループの中ではいまだ最大手であり、しかも小口サービスの比率は3番手グループの中では一番高い。この高付加価値事業をさらに伸ばすことができれば収益は挽回できるはずだ」と考えていました。もっともらしい仮説です。

しかし、**私の頭の中では「本当か？」のアラートが、もっと言うと「何かおかしい」という謎と問題意識が芽生えていました。**というのも、3番手グループの中でA社だけが赤字に転落していたのです。

A社は3番手の中では最大手でコスト競争力もあり、高価格の小口サービス比率も一番高くなっていました。ならば3番手の中では一番高収益でもおかしくありません。ところが、むしろ逆にA社だけが赤字なのです。おかしい、戦略ロジックに合わない……。

ほとんどの人は、これを「問題だ」とは思っても「大きな謎」とは捉えません。「何かやり方がまずいのだろう。それが問題であり、そこを改善していけばいい」という具合です。しかし、「本当か？」に導かれる「思考枠」と素直・愚直に論理を追う「思考態度」があれば、問題意識はぐっと深くなるのです。ちなみに、今述べた改善・問題解決系の思考と競争戦略に代表される戦略思考は問題の捉え方やものの見方がかなり別ものであることも頭の片隅に置いておくとよいでしょう。

さて、この謎はすぐには解けず問題意識を抱えたまま、プロジェクトはスタートしました。まずは現状の収益メカニズムの解明です。データは膨大にあったので、様々な分析を実施できました。しかし、なぜ赤字に転落したのか、一向に確からしい原因は明らかになりません。企業が元から運用している管理会計データの分析ではよくあることです。分析すればするほどチームが泥沼にはまっていくようでした。

しかし、のちの章で詳しく述べますが、問題意識というのは偉大です。インサイトは突然訪れました。ヒントは、チームメンバーがたまたま事務所に出入りしていた小口特化の競合のサービスマンに「1日にどれくらいの事業所を回っているのか?」と聞いていた情報です。詳細な経緯は割愛しますが、たったそれだけの情報から、次のような仮説が生まれます。

「実は高収益と思っている小口への注力こそがA社の赤字転落の元凶なのではないか?」

まだ経済性に関する直感の域を出ませんでしたが、3番手の中で小口比率の高い自社だけが赤字という事実と矛盾しない仮説です。つまり、アブダクション推論にもなっています。そこから怒涛のクイックアンドダーティ分析の始まりです。

以下、数式を使わず言葉だけでエッセンスを伝えることを試みますが、文章だとかえってわかりにくいかもしれません。そのため、正確な理解はともかく、クイックアンドダーティの要領で粗い数字から緻密に経済性の推論を重ねる雰囲気だけでも感じ取っていただけたら幸いです。

クイックアンドダーティ分析による仮説検証

競合とA社でサービスマンの活動がまったく違いました。それが収益差の最大要因だという仮説を定量的に検証するために、まず本質にもとると思われる枝葉の情報は大胆に切り捨てます。具体的には、競合とA社でサービスマンの活動以外の事業システムやそれにかかる経費水準は同等だと大胆に仮置きします。それが正しいかどうかはこの時点ではわかりませんが、そう仮定しておくことで検証したいこと（サービスマンの活動により収益性に差異）だけに焦点が定まります。

そして、そのうえで、サービスマンの活動の違いだけに感度を持たせた経済性分析モデルを作成します。モデルといっても四則演算だけのシンプルなものです。このモデル化までが本件でのクイックアンドダーティの真骨頂です。

余談ですが、A社のつまずきポイントのひとつがここで、彼らの社内管理会計ではサービスマン活動を含め事業システム費用全体をサービスタイプ別にある基準で割り振っていて、それによれば小口サービスは高収益と算出されていたのでした。

さて、モデル化したら、手持ちのデータを使ってサービス別ではなく顧客タイプ別の訪問当たり収益をシミュレーションします。サービスマンの顧客訪問にかかる大きいコストは、サービスマンの人件費、移動車両の減価償却費、ガソリン代くらいです。その場では正確な数字はわかりませんでしたが、フェルミ推定の要領で数字を推計し仮置きします。それらの合計総額を訪問件数で割れば、訪問1件当たり費用が出ます。

一方で訪問1件当たり売上は、顧客の発注が大口中心か中口中心か小口中心かで、ざっくり顧客タイプごと売上を推計します。顧客タイプごと売上から訪問コスト(とその他の共通費負担分)を引けば顧客1件当たり収益が出ます。これで大口、中口、小口の顧客ごとの収益性がモデルで算出されました。

すると、やはり、このモデルによれば、A社にとって小口中心顧客は、たとえサービスが高単価でも客単価で見るとさほど高くはなく、訪問コストに見合わないため赤字と計算されました。これにてクイックアンドダーティによる仮説検証は完了……ではありません。

ここからがすごいのです。このモデルがどの程度確からしいか、**フィージビリティ検証（FS）し、仮説をさらに深く掘り下げていきます。**まず、自社については大口、中口、小口の全社での顧客数の比率は正確にわかります。なので、その比率で先ほどのモデルによる顧客タイプ別収益性の加重平均を出せば、全体収益性の近似値になるはずです。果たして、結果は……ビンゴ！

全社の実際の売上高営業利益率（赤字）とモデル計算による顧客タイプ別売上高営業利益率の顧客数比率による加重平均値はとても近い数字になりました。モデルの前提には入っていない顧客構成比を使って結果が近くなったということは、モデルが相応に現実を反映している可能性が高いことを示しています。

これでもまだ終わりではありません。**「モデルがうまくいっている間はとことん図に乗れ！」というのがクイックアンドダーティ分析のコツのひとつ**です。

そこで次に、競合の収益性もモデルを使ってシミュレーションしてみます。サービスマンの活動が違うので訪問1件当たりコストがA社とは異なります。それ以外の事業システムとコスト効率はいったんA社と同等と仮定し、簡易モデルを使って顧客別収益性を算出します。

その結果、やはり競合は小口顧客で収益が出ました。2番手競合は小口顧客の比率が約80%だったので、A社と同じ要領で顧客別収益率の加重平均を出してみると、実際の公開情報による全社収益性にかなり近い値になりました。

ただ、A社の自社での推計ほどドンピシャとはいきません。さらに、1番手で100%小口の競合でもシミュレーションすると、モデルによる収益性が実際公開情報による全社収益性よりもかなり高めに出ました。ここがモデル限界です。では、なぜ限界なのか。

おそらく、サービスマンの活動以外は事業システムもコスト効率もA社と同等と仮定したところでしょう。限界がきたということは、実際にはサービスマンの活動以外でも事業システムが違うのだろうと見通しが立ちます。

実際、1番手には総合系とは異なる固有のビジネスシステムがあります。固有のビジネスシステムには相応に固有コストがかかっていますが、1番手ゆえにこの固有コストに規模の経済性が働き、収益を実現できていると推測されます。

一方、A社を含む総合系の競合は固有のビジネスシステムを導入しようにも規模が足らず、固定費負けするうえに、いきなり固有のビジネスシステムのオペレーションを実現できません。これは、ゲームルールのところで話したような複合的優位性が確立された状態です。

さて、クイックアンドダーティ分析による仮説検証と推論の結果を整理してみます。

◉A社は小口顧客が赤字で、小口に特化している競合の小口顧客は黒字
◉A社で儲かっているのは大口でも小口でもなく、実は中口顧客であった！
◉A社と小口特化の競合では、サービスマンの活動以外でも事業の仕組みに違いがありそうだ

ここまでの分析は実際に会議のその場で、ありものの数字を使いながら行った手計算です。だから計算は粗い。しかし、思考は緻密そのものです。

もちろん、このままでは報告に耐えませんから、この後は実際のデータを使って計算も緻密にします。緻密に計算をするには当然労力がかかりますが、クイックアンドダーティ分析でほぼ仮説の正しさを検証しているので、膨大な作業であっても安心して計算にまい進できます。

果たして、会議でのクイックアンドダーティ分析のあと、モデルを改良し実際のデータを使って顧客別収益をシミュレーションし、各種FSを実施して、結果は驚くほど実績と一致することを確認しました。赤字の原因解明も今後の戦略指針もこれで一気に解決です。実際、A社は見事に1年で黒字回復しました。

「戦略ロジックに合わない」という謎・問題意識に始まり、たった1本のヒアリングから「訪問エコノミクス差」というパースペクティブを得て、大胆な切り捨てと単純化によるモデルで緻密な推論に成功しました。これぞ、クイックアンドダーティの真骨頂です。

クイックアンドダーティ分析の実施手順

私がクイックアンドダーティを実践する際は、だいたい次の①~③の流れで思考を進めています。

①「思考を掻き立てる大きな問い」に気づく

思考を掻き立てる大きな問いとは、その時点で思考を前に進めるうえでの「大きな謎」「ひっかかり」「迷いどころ」で、論点設定で言う「大きな問い」とは少し違うものです。例で言えば、「3番手の中で小口比率が一番高いA社だけが赤字。おかしくないか?」のところです。

第1章と第2章で述べた思考態度や思考枠の非日常化が問いを発する際に役立ちます。第5章のインサイトドリブンアプローチでも詳述します。

②「切り口・パースペクティブ」をインサイトする

問いに対して鋭い答えやユニークな答えを与えてくれそうな切り口を探ります。論点設定では論点自体がひとつの分析切り口を示しますが、①の「大きな問い」の場合、問い自体は謎であり、迷いどころであって切り口を内包することは稀です。

むしろ、この段階では問題意識に対して固有で特定の切り口を設定してアプローチしないほうがよいでしょう。問題意識は寝かせておいて、通常のアプローチを進めていくうちに切り口へのインサイトが生まれます。

例で言えば、「小口顧客こそ赤字なのではないか」「サービスマンの訪問活動の違いが顧客別の収益性に違いを生んでいるのではないか」です。このあたりも第5章で詳述します。

③「3ステップでの仮説推論」で限界まで思考を推し進める

②で得た切り口のインサイトを手掛かりに、その時点で持っている情報をもとに次の3ステップで仮説推論を行います。

ステップ❶本質にもとることは大胆に切り捨て単純化・モデル化
ステップ❷単純化したモデルで思考実験的に限界まで論理・計算を実施
ステップ❸結果をあらゆる角度から吟味し仮説をブラッシュアップ

こうして素早く、かつ深く、蓋然性の高い仮説にたどり着くのが、クイックアンドダーティ分析と推論の真価です。

なお、ステップ❶で何をどう切り捨て、どう単純化・モデル化するかについては決まったルールはなく、発想力や経験が問われます。とにかく試してみて、うまくいきそうならステップ❷や❸までとことん進め、逆に壁にあたることが多くなってくれば、「何かを単純化し過ぎたのか」「仮定がおかしいかも」などと、ステップ❶を疑ってみましょう。そうした疑問の中に、前へ進むためのヒントが隠れています。

冒頭でもお伝えした通り、三種の神器の中でクイックアンドダーティが一番の職人技で、断トツに難しくなっています。特に「3ステップの仮説推論」はかなりの修練が必要ですが、その見返りはとても大きいと言えます。

本格的な定量モデル化までマスターせずとも、枝葉の情報を大胆に切り捨て、限られた本質的情報だけに基づいて愚直かつ緻密に推論を重ねるというエッセンスは実践できますし、ぜひマスターすることをお勧めします。

仮説推論をはるか先へと推し進めていくと、始める前には見えていなかったこと、思いも寄らなかったこと、深いレベルでの仮説などにたどり着きます。それは創造的な戦略への入り口です。

クイックアンドダーティをマスターすれば、あなたの戦略思考力は今よりも数段階上のレベルに達し、世界の見え方・景色が変わってくることは請け合いです。

Column 4

記憶に残る2人の天才

戦略コンサルタントの先輩や後輩にも、お会いしたクライアントの方々にも「優秀だな」「すごいな」と思う人はたくさんいましたが、心底「この人は天才だ」と思った人はそう多くはありません。中でもBCG時代に出会った2人の学卒の先輩には、何というか今でも敵う気がしません。

一人は『戦略思考トレーニング』(日経BP)、『「AIクソ上司」の脅威』(PHP研究所)などの著作で有名な鈴木貴博さん、もう一人は『コンサル0年目の教科書』(PHP研究所)の著作で有名な古谷昇さんです。

2人はまったくタイプが違うのですが、それぞれ通常の思考枠の外で「○○に見えるが実は××」を思考する天才で、皆が2人に少しでも近づきたくて、今思えば無意識にですが、所作まで真似しようとしていた気がします。

鈴木さんは戦略分析の天才で、当時の学卒入社組はほぼみんな、鈴木さんに憧れていたのではないかと思います。どう天才なのか、実際の分析を目の当たりにしないと言葉だけでは伝わらないのですが、とにかくどんな事業であっても、誰もまだ気づいていないような、市場や競合シェア決定のメカニズム、収益やコストの振る舞いの法則性の解明、それらに基づく将来予測や最適競争ポジション推定などを鮮やかに、スマートに、切れ味鋭く料理して、周囲をあっと驚かせるのです。

ラッキーなことに、私はプロジェクトで何度か鈴木さんの直下で分析を直接指導していただく機会に恵まれました。そこで学んだのが、物理学的思考とクイックアンドダーティの思考です。鈴木さんはしょっちゅう「それは無視していいよ」とか、「他は一定と置いて、とりあえず数字出してみようよ」とか、何が本質かわかっていなかった私は「え？　いいんですか」と思うほど、「本質にもとることは大胆に切り捨てる」のが天才的に上手で鮮やかだったのです。

なぜ、鈴木さんがいつも本質を洞察できていたのか真相はわかりませんが、ただひとつ、私も盗むことができた技があります。それは「思考実験」で、極端に振って推論する、前提を単純化して考察する、部分だけ動かす、「もし○○なら」と仮定を置いて推論するなどです。思考実験は物理などサイエンスにおける仮説推論の思考テクニックですが、鈴木さんはそれをビジネスにおける環境分析や競争メカニズム分析などに応用して本質を抉り出し、アインシュタインばりに常識を覆すような結論へとたどり着いていました。

もし、鈴木さんのアウトプットしか見る機会がなかったら気づいていなかったと思いますが、直下でその思考プロセスを垣間見ることができて以来、私も見よう見まねで思考実験を習慣にしたら、いつしかクイックアンドダーティ分析の天才には及ばずとも、上級者くらいになることはできました。なお、鈴木さんは戦略の天才と同時にクイズ王でもあらせられます。

古谷さんは、ビッグピクチャーから新しい切り口やコンセプトを導く天才でした。物事のマクロな構造を捉えたり、議論が行き詰った状態でさらりと新しい切り口を提示したり、「○○に見えているが、実はこういう見方をすれば××」を看破したりするのです。これらは直線的・線形的な思考だけではなかなかたどり着けません。同じ情報を前にしても、人とは違うパターン認識ができる。これこそ天才性だと思います。

たとえて言うと、みんなが真上から見て「ああだこうだ」という議論をしている状況下において、古谷さんは真上からの議論では何がわからなくて、決着させるために見るべきものは何で、たとえば、左斜め45度から見たときに何が見えるか、それがポイントだと看破します。そして、左斜め45度から見たときの情報を客観的に見据え、「それってこういうことなんじゃないかな」と、今までの議論とはまったく違う切り口から、新しいパターンを切って見せます。

なぜ、そんなことができるのか。やはり真相はわかりませんが、古谷さんは常に自然体というか、柔軟というか、型に囚われていないというか、偏ったものの見方がないというか。ほぼあらゆる観点から、言葉本来の意味での第三者性・客観性を常に保持していたのです。

たとえば、コンサルタントは自分が何か確からしい仮説を考えると、それを証明しようとします。そして、作業が進んでも仮説がサポートされないとき、ほとんどの人が作業の何がいけないのか、仮説を証明するのに、さらに何をせねばならないのかという方向に思考が向きます。

でも、古谷さんは端から違います。私は古谷さんから「仮説は何？」といった類のことを聞かれた記憶がありません。その代わりに「何やってるの？」「何調べてるの？」「何がわかったの？」ということを雑談のように聞かれます。そして、具体的な作業指示はほとんど出さず、代わりに、何に対して答えが欲しいのか、どんな背景があって、どんな議論がなされていて、何がわかればその議論に決着がつくのかといった問題意識をしつこく共有します。すると、作業指示なんかなくても、その問題意識が思考を駆動してくれるのでした。

古谷さんには今でも私の会社の顧問をお願いしていて、私が道に迷ったとき、相談に乗っていただいています。そして、状況を15分くらい説明すれば、たちどころにどういう構造かを見抜いて、目から鱗のヒントを与えてくださります。いまだに、というか永遠に、古谷さんには敵わないだろうなと思います。

第4章

世界を一変させるインサイトに導く「コンセプト思考」

戦略思考を結晶化するコンセプト

ここまで、創造的思考のOSとでも呼ぶべき「思考態度」と「思考枠」、そのOSを使って働く戦略思考のミドルウェアとでも呼ぶべき「戦略思考三種の神器」を紹介してきました。そして、本章では、創造的思考や戦略思考をアウトプットへと結晶化するアプリ基盤となる「コンセプト思考」について解説していきます。

何かの課題に対して、仮に同じインサイトを得て、同様の結論にたどり着いたとしても、トップ5%の戦略コンサルタントの最終的なアウトプットは違いがあります。何が違うのかと言うと、示唆の射程が違います。「示唆の射程ってなんだ?」と思うでしょうが、とりあえず、なぜ示唆の射程が違うのかと言うと、トップ5%のアウトプットには往々にしてコンセプトがあるからです。では、コンセプトとは何か。

「コンセプト」はそのまま訳すと「概念」で、単純に言うと、物事から何か特徴を抽出し、それに名前を与えることですが、もう少しパラフレーズすると、現実を何らかの切り口で抽象し、「状態」に「かたち」を、「ランダム」に「秩序」を与えるものです。

ここで、第1章で考察した「パターン認識」について思い返すと、概念とパターン認識はとても似ていることに気づきます。実際、概念を捉えるには必ずパターン認識が先行します。ひとまず、概念を捉えることとパターン認識はほぼ同義と思っても大過ありません。

しかし、ここで「概念」ではなく、わざわざ「コンセプト」や「コンセプト化」という言葉を使うとき、それはパターン認識を前提にしますが、パターン認識以上の固有の概念を提唱しています。まさに、これが「コンセプト化」です。しかし、これでは何を言っているか、意味不明だと思います。そこで、事例問題を通じて、コンセプトとは何かについて理解を進めてみましょう。

要約は静的であり、コンセプトは動的である

次の文章を読んで、インドの消費社会の変化について完結にまとめてみてください。

【例文】

インドは1991年の経済改革以降、急速な経済成長を遂げました。自由化、民営化、グローバリゼーションの進展により、消費市場は大きく拡大、中産階級の増加と所得水準の向上が消費意欲を刺激しています。

インドの人口は非常に若く、30歳未満の人々が多くを占めています。この若年層は、新しい技術やトレンドに敏感で、消費意欲が高いことが特徴です。急速な都市化が消費パターンの変化を促進しています。農村から都市への人口移動により、都市部のインフラとサービスが充実し、消費者の購買力が増加しました。ショッピングモール、スーパーマーケット、オンラインショッピングなどの小売業態が普及しています。

また、インターネットとスマートフォンの普及により、オンラインショッピングやデジタル決済が急速に広まりました。eコマースプラットフォームは、消費者に多様な商品群と便利な購買体験を提供しています。こうした中、多くの国際ブランドがインド市場に進出しており、消費者に新しいライフスタイルやトレンドを発信しています。ファッション、エレクトロニクス、食品などの分野でも、海外ブランドが人気を集めています。

さらに、サービス産業、特に金融、健康、教育、観光などの分野の成長が、消費の多様化を促進しています。これにより、消費者はより多くの選択肢を持つようになり、新しい消費習慣が形成されています。

いかがでしょうか。この先は、できれば実際に考えをまとめてから読み進めることをお勧めします。いろいろな切り口でのまとめ方があると思いますが、たとえば、次のような要約が考えられます。

【要約例】

インド消費社会の3つの潮流

①消費市場の拡大・意欲の向上

②消費インフラの進化

③消費行動・トレンドの変化

①消費市場の拡大・意欲の向上

◉1991年の経済改革以降、急速な経済発展

◉中産階級増加、所得水準向上
◉圧倒的な若年層人口構成

②消費インフラの進化
◉農村から都市への人口移動、都市のインフラ整備
◉ショッピングモールやECなどの小売業態の普及
◉ネット・スマホ浸透、デジタル決済の普及

③消費行動・トレンドの変化
◉多くの国際ブランドによるインド進出
◉新ライフスタイルやトレンドの提案・提供
◉消費の選択肢は多様化、新たな消費習慣形成

このように要約するという行為も言わば、「抽象化によるパターン認識」に他なりません。しかも、元の文章で明示されているわけではない「3つの潮流」という切り口で整理

していて、割とよくまとまっていると思います。

では、これをもって「コンセプト」や「コンセプト化した」と言えるでしょうか。どうも違うと感じるのではないですか。いかにうまく抽象化やパターン認識ができていたとしても、これをコンセプトとは呼びません。要約はどこまでいっても、事実認識や整理に過ぎず「静的」です。

それに対し、**コンセプトでは現状の事実認識や整理以上に、ものの見方や世界認識を更新するような切り口が提示され、それが新たな予測可能性を生み、思考を刺激し、広がりや発展可能性をもたらします。**したがって、「動的」です。そして、新しい記号や新しい言葉で注意喚起的に言語化するのがコンセプト化と言えます。

ここで改めて、例文からコンセプトを導いてみます。インドが悠久の時を経て培ってきた伝統的な社会・生活・産業が、経済発展によって急速に変化し、グローバル標準の現代化が不可逆的に進行していることが伝わってきます。これをインド消費社会の「モダン化」とコンセプト化してみるとどうでしょう(図17)。

一見、要約と区別がつかないかもしれませんが、単に静的に整理しているわけではありません。「伝統vsモダン」という対立軸(切り口)を導入することで、これまでの変化に意

［図17］コンセプト：インド消費社会の「モダン化」

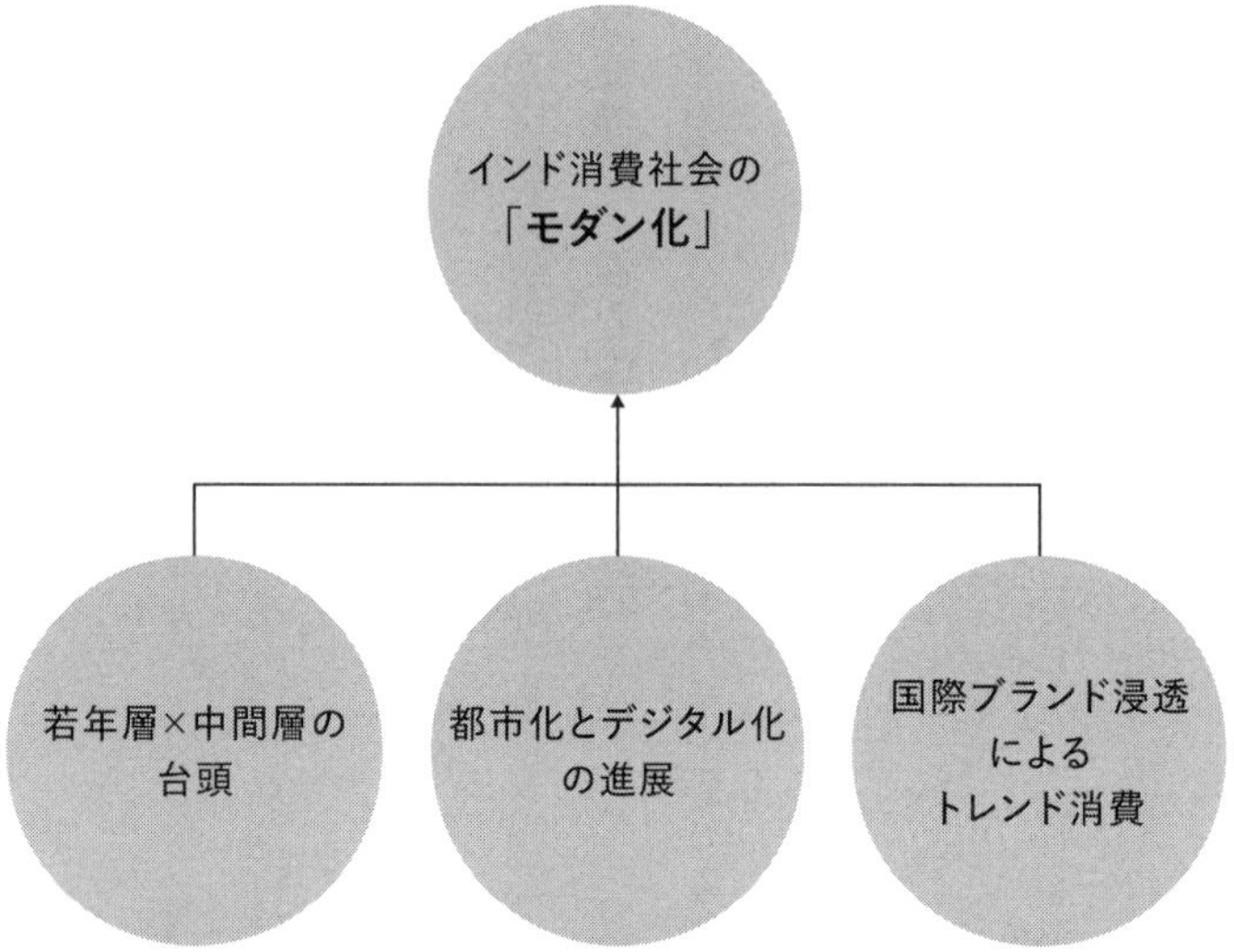

味付けし、記号化すると共に、今後の変化の方向性についても予測可能なイメージ喚起がなされています。

たとえば、「伝統的な服装をする人が減っていきそうだ」など、直接的な変化もイメージされますし、「モダン化によって多くの伝統文化がグローバルスタンダードに置き換えられていくならボリウッド映画産業にも変容がもたらされるのだろうか」などと問題意識を広げることもできます。**モダン化というコンセプトによって、さまざまな角度からこの先の社会的変化を想像できる**ようになります。これが、コンセプトの持つ力です。

モデル化とコンセプト化は何が違うのか

モデル化もコンセプト化と似た概念です。文脈によってはほぼ同義で使われていることも少なくないでしょう。確かにモデル化は要約以上にコンセプトと区別しにくく、日常的には区別がなくても大過ありません。しかし、やはり戦略思考の武器としてのコンセプト化はモデル化とは異なります。

モデル化は要約同様に、あくまで現象自体をパターン認識する説明原理ですが、コンセプト化はものの見方や世界認識を更新するような切り口が内包され、それが新たな現象の予測可能性を生み、思考を刺激し、広がりや発展可能性をもたらします。例を見てみましょう。

17世紀初頭に天文学者ヨハネス・ケプラーが発見した「ケプラーの法則」は、惑星が太陽の周りをどのように回るかを説明する説明原理です。「惑星が太陽を一周する時間の2乗は、その軌道長半径の3乗に比例する」(第三法則)など、現象の関係性を見事に定量的にモデル化しています。惑星の運行に関する膨大な観察とデータと計算によって導かれた偉大な発見です。しかし、現象の説明以上でも以下でもありません。驚異的な計算力という力でねじ伏せて、試行錯誤で関係式を導いたのだろうと推察されます。

一方で、17世紀後半にアイザック・ニュートンが発表した「万有引力の法則」は、単なる関係性だけではなく、その背後にある本質的なメカニズムまで提示しています。現象を表す方程式としては、「2つの物体間に働く力は質量の積に比例し、距離の2乗に反比例する」で、それだけなら一見モデル化の範疇です。

しかし、この背後に**質量による引力を仮定し、「宇宙に存在するあらゆる物質は等しく引力を作用させる」とコンセプト化**したのが、単なるモデル化との大きな違いです。もっと言うと、モデル化のあとコンセプトを考えたのではなく、おそらく順番は逆か少なくとも同時で、それまでの研究や観察などから先に「万有引力」の物理的直感と定量モデル仮説のインサイトを得て、その後に試行錯誤でモデルを精緻化していったのではないかと思います。

なお、仮説先行だからモデル化に要した計算量は、ケプラーよりもはるかに少ないはずです（ニュートン以前の膨大な先行研究の恩恵を考慮しないとフェアではないですが）。

優れたコンセプトには世界を一変させる力がある

改めてコンセプトとは何かを整理しておきましょう。一般用語としてのコンセプトは「何らかの観念やアイデア、考えを言語化・図式化・数式化し、認識可能に表現したもの」といった感じでしょうか。もう少し詳しく説明すると、次のようになります。

◉「現象」やその背後にある「構造」や「メカニズム」などについて
◉「今までしていなかった」あるいは「今までとは違う切り口」により
◉「混沌」や「曖昧」な状態から「くっきりとした新たなかたち・パターン」を認識し
◉「概念」として「言語化」「図式化」「数式化」したもの・すること

このように定義されたコンセプト思考の基底には、パターン認識があることは明らかです。ただし、これだと現象記述的な要約やモデルも定義の中に入っています。

戦略思考における優れたコンセプトは、コンセプトの核にある切り口が「今までと違う」だけではありません。**世界の新しいコントロールレバーとなり、認識の変化はもとよ**

り、行動の変化を促していきます。その特徴を見ていきましょう。

世界を変えるレバー、行動変化を促す力を備えるコンセプトには3つの特徴があります(図18)。

①世界の見方を更新する

すでに何度も言及していますが、優れたコンセプトは世界を見る新しい切り口を提示し、それによって「○○は△△ではなく××である」といったパーセプションチェンジを引き起こします。認識変化は「Aha!体験」をもたらし、行動変化に先立ち即効性があります。

②適度に情報圧縮されている

優れたコンセプトは大抵がシンプルです。しかし、コンセプトがシンプルだからといって、思考がシンプルなわけではありません。むしろ、その背後には複雑な事象やそのイメージ、緻密な一連の思考と推論、その帰結として、新しい世界の見方へのインサイトなどがうごめいています。

［図 18］優れたコンセプトの３つの特徴

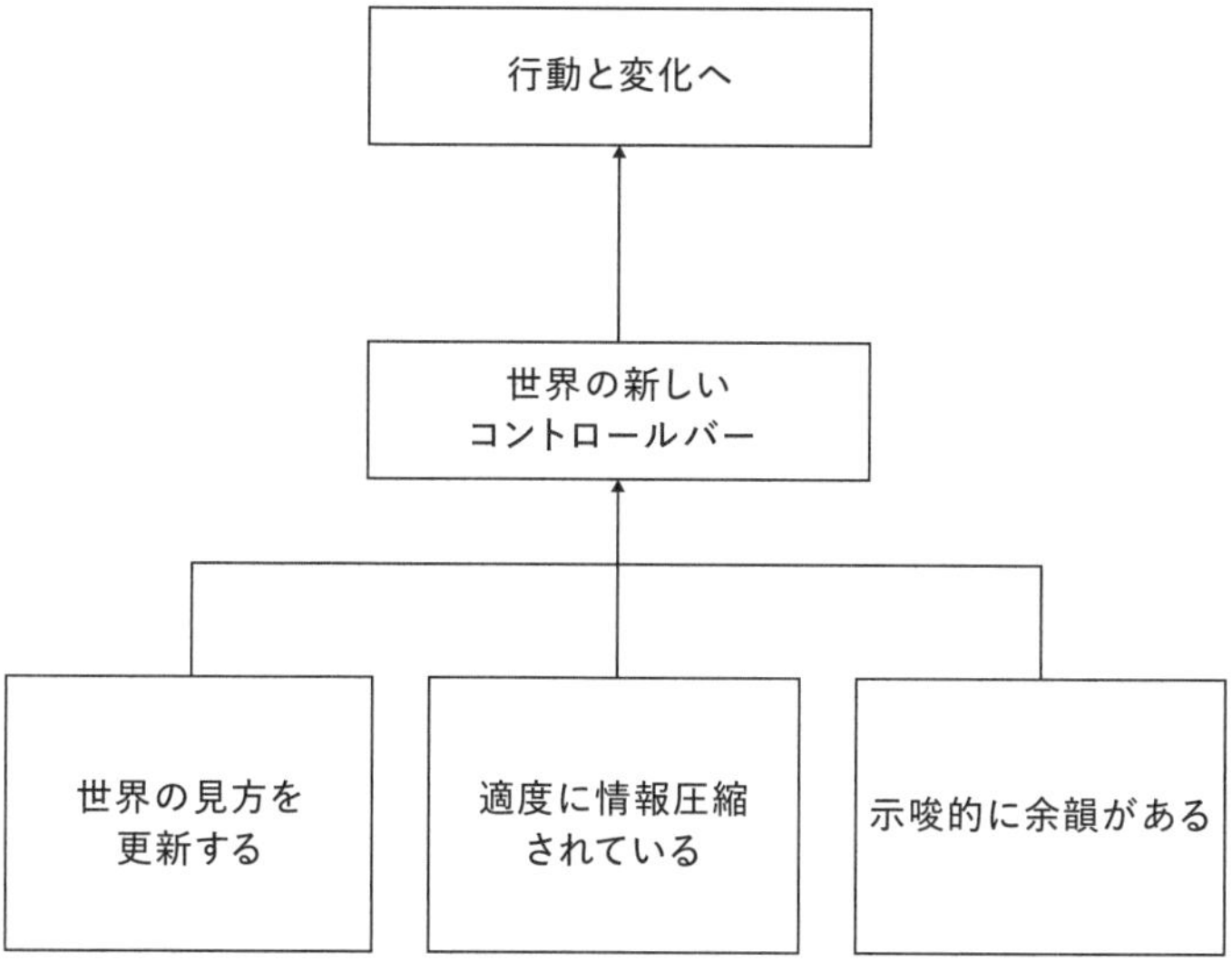

もちろん、科学や技術におけるコンセプトは、それが何を意味するか、明確かつ一意的に定まってはいるでしょう。それでも、優れたコンセプトは思考を刺激し、新しい現象への適用や新解釈を通じて動き出します。ましてや人文知、衆中ビジネスコンセプトであれば、それが優れたものであればあるほど、意味は一意的であるよりも、より重層的かつ示唆的で動的です。

③示唆的に余韻がある

②の情報圧縮の裏返しの効果でもある優れたコンセプトがシンプルでも背後は重層的ということは、そこには必

ず余剰・過剰があります。裏から言えば余白です。そして、その余剰や余白が思考を刺激し、新たなインサイトの源泉となります。さらに、少し変な話ですが、完全なコンセプトより不完全なコンセプトのほうが、かえって示唆的なことも少なくありません。

　マニアックになってしまうので詳述は割愛しますが、一例を挙げると、ＢＣＧの古典的コンセプトに「アドバンテージマトリックス」というものがあります。ＢＣＧコンセプトの中でも、このコンセプトが最高だという通な方もいますが、そんな方でも、このコンセプトの中核にあるマトリクスは、実は不完全であることを認識している人は少ないと思います。でも、不完全だからダメなのではなく、**不完全だからこそ、解釈に余地があり、アレンジを許容し、様々な応用・発展可能性が開かれています。**

　抽象的な表現が続きましたので、まだピンとこないかもしれません。そこでコンセプト化の事例を紹介します。要約的・モデル的に留まるアウトプットとコンセプトまで結晶化させたアウトプットがどう違うのかを体感いただけたらと思います。

コンセプト化の事例①「世界観アーキテクチャの中毒消費」

このコンセプトは、あるエンタテインメント企業にてビジネスモデル構想を支援している中で着想を得たものです。詳細な説明や関連トピックの考察は、私が代表を務めるクロスパートのホームページに掲載しているコラムでご参照ください。ここでは着想の背景やコンセプト化に至った思考プロセスを中心に解説します。

皆さんは、ビジネスモデルというと、どのようなものを思い浮かべるでしょうか。儲けの仕組み、差別化×回収エンジン、価値伝達システム、ビジネスモデルキャンバスなど、人それぞれかと思いますが、おおむね「どのように儲けるか」を巡って、課金の方法・モデルといった最終・末端の仕組みから、Ｄｅｌｌモデルのように、受注生産と直接販売を組み合わせた事業プロセス全体の仕組みまで、「事業の仕組み」をイメージされるかと思います。

私たちも当初そのようなイメージでもって、ベストプラクティスのスタディから入りました。**ベストプラクティススタディとは、うまくやっている人や企業を研究して、そのエッセンスを模倣するためにパターン認識する研究手法**です。私たちは世界の大手エンタテインメント企業を研究していきましたが、中でも収益源を多元化している先進事例として、米国のメディアコングロマリットと呼ばれる企業群の比較研究に注力しました。

そこで、ある不思議なことに気がつきました。どのメディアコングロマリットも事業展開分野・ポートフォリオは比較的似通っていて、しかも、スタジオ事業はDisneyを除きすべて赤字。Disneyはスタジオが黒字なだけでなく、他のあらゆる事業も黒字です。それは当然だろうと思うでしょうか。常識的にはそうです。

私たちも当初は「これがＩＰの力だ」と認識し、いかに強いＩＰを持つか、そのＩＰを核にどう収益機会を多重化するかということをビジネスモデルとして認識しました。でも、それでは、何も語っていないのと同じです。

確かに膨大なスタディを通じてモデル化には成功しました。ＩＰや技術の開発・獲得と展開ウィンドウの多重化、イン・アウトをいかにそれぞれ構築し連動させていくか、かなり精緻で完璧にモデル化できていたと思います。おそらくここまでが、いわば「要約」や

「モデル化」の仕事です。でも、実は大きな問いが残っています。おわかりでしょうか。

「どうしてDisneyのIPは強いのか」

この問いや問い方はとても重要です。ほとんどの場合、この問いは無自覚に回避されます。それはクリエイティブの問題であると。そして、似て非なる問い、「どうすればDisneyのように強いIPを作ることができるか」へと置換されます。一足飛びといったほうが正しいでしょうか。この巧妙なすり替えの瞬間に「本当か？」を発せられるかどうか。DisneyのIPがどのように強いのか、なぜ強いのか、それがわからないのに、そのわからないものをどう作るかを考えることは可能ですか。

でも、「そこはクリエイティブの問題で、マネジメント課題としてはそうした強いIPを生み続けるクリエイティブの体制をどう作るかという問題に帰着して……」と、わからないことはカッコに入れて、まことしやかに問題のすり替えや再定義をすることは問題解決の常套テクニックです。それは思考を前に進めるうえで、決して悪いことではありません。むしろ、それができれば、かなりの思考上級者でしょう。しかし、往々にして、それは思考停止をしたうえでの前進であることを見失います。

さて、ではどうしてDisneyのＩＰは強いのか。この問いに答えるために、Disneyだけでなく、様々な強いＩＰを幅広い分野からピックアップし、それらがどのように人気があるのか、何か共通項はないかを探っていきました。熱狂的なファン、信者、コレクターなどの行動とその背後を探る作業、ＩＰ側のＩＰの特徴、コンテンツ展開や制作などの共通項を探る作業、そこからの思考経緯など、それはそれで面白いので、また別の機会にお伝えできたらと思いますが、ここでは詳細を割愛し、コンセプト化につながった重要な切り口の結論だけをお伝えします。その切り口は「欲望」でした。

欲望については、最近ビジネスシーンでもようやく少しはまともに議論されるようになってきました。しかし、私たちがこのコンセプトを議論していた当時は、それこそ、「欲望は多様で非合理で論理的な議論は困難なのでカッコに入れる」のが常識でした。

しかし、私たちには、**「欲望」にこそビジネスのあらゆる秘密が隠されている**という考えがあり、様々なプロジェクトを通じて独自に欲望に関する考察を深めていた中で、このビジネスモデル議論とのキアズマが起こったのです。次章で詳述する、問題意識の熟成からインサイトを導いた瞬間です。

［図19］欲求と欲望の構造

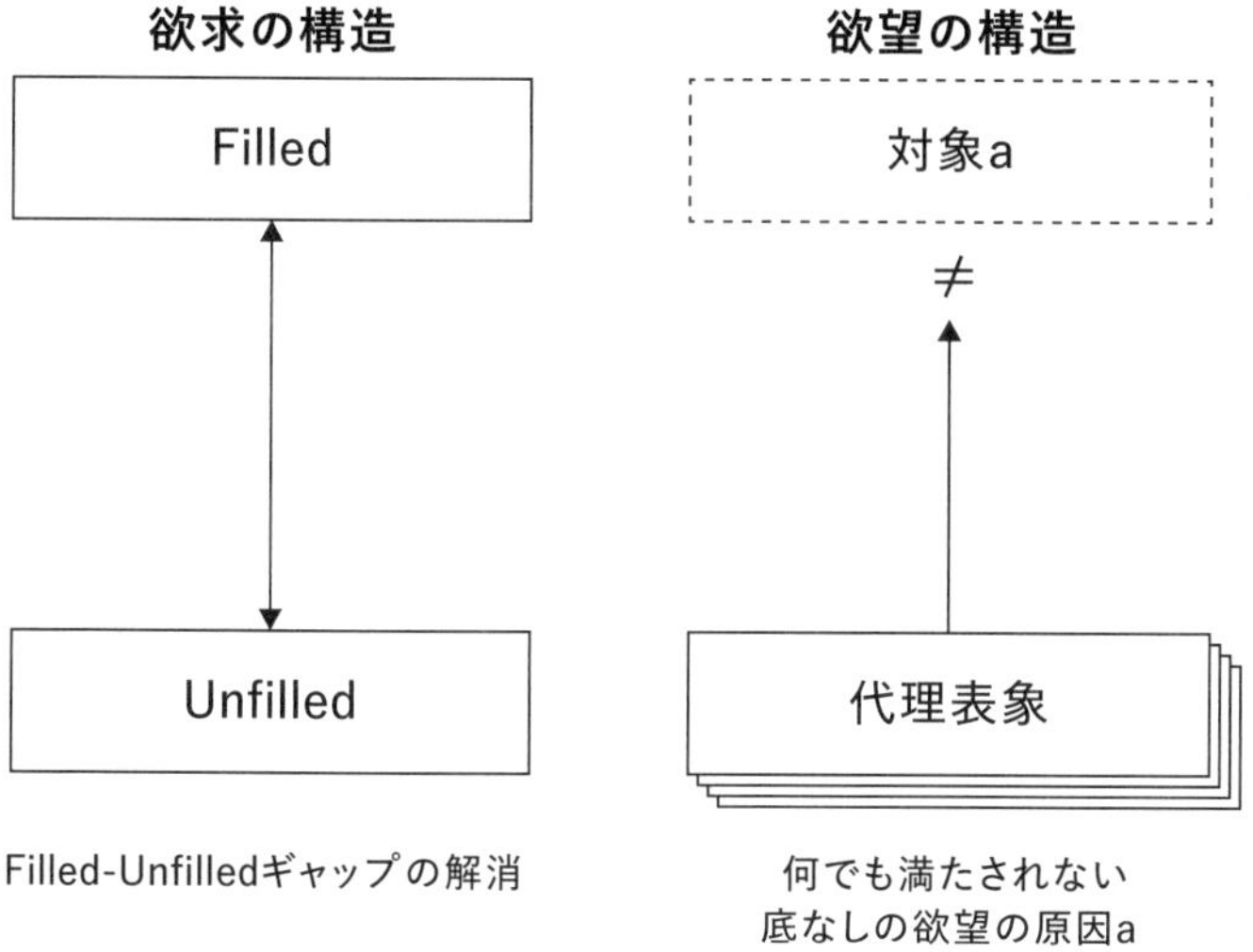

皆さんは欲望について原理的に考えてみたことはありますか。「原理的に」まではいかなくても、「欲望って何だろう？」と考えたことはあるでしょうか。ちなみに、私はほぼ毎日、自分や人の行動、発言、態度はどんな欲望から生じたのだろうと、一瞬であっても考える瞬間はあります。

それはさておき、欲望について簡単に考察しましょう。先に欲望と欲求は違うという補助線を導入しておきます（図19）。この定義に従えば、あらゆる生命に欲求があるというより生命≒欲求とさえ言えますが、人間だけがその錯綜体として欲望を持つということも理解されます。

欲求とは、具体的な何かが欠如・不足した未充足の状態（Unfilled）を感知し、その解消（Filled）を志向することであり、Filled-Unfilledギャップが欲求の源泉です。そして、ギャップが解消されたら欲求も充足されたことになり、いったん消えます（空腹と食など）。

ところが、**人間は自然からズレて本能が狂ってしまったある種の「欲求の錯綜体」**です。常に何か正体不明の欠如（Unfilled）を抱えた意味過剰の存在で、精神分析的には、自分ではない何者か、名指ししようのない他者（対象a）に自分の欠如を投影し、同一化したいと願っていますが、同一化しようがないがゆえに、その代理物を求め続けます。これが欲望です。

欠如は正体不明で人を不安にしますが、たまたま何か外部の対象がかたちを与えてくれたと錯覚したら、それを求めずにはいられなくなります。外部の対象は対象aそのものではないし、他者なので同一化はできません。つまり、自分の内側は永遠に欠如のまま、代理物（を消費・所有すること）で欠如を埋めようとし続けるわけです。

［図 20］ 世界観消費の構造

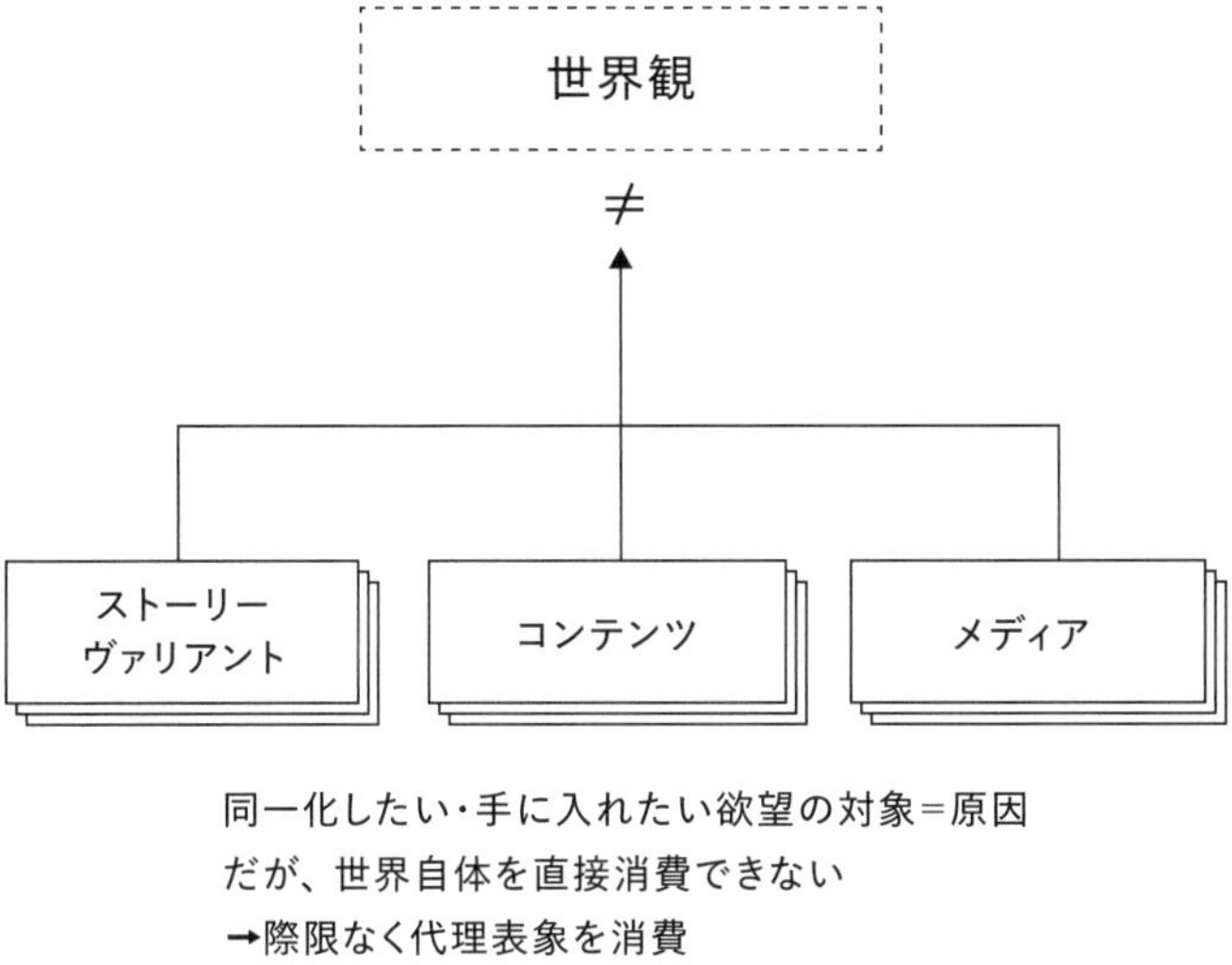

長々と欲望の原理的説明をしてきましたが、この対象のところに、人を惹きつけてやまないものを何でもよいので入れてみてください。高級ブランドでもアーティストでもアイドルでも、何なら学校や企業など団体でも構いません。そして、もちろん、Disneyもその範疇です。

では、Disneyが人々に同一化を希求させるものとは何か。実はDisneyに限らず、企業ブランドであれ、アーティストであれ、何かのコンテンツにおいて、「世界観」こそが人に同一化を希求させるものの根源となることが非常に多いのです(図20)。

そして、世界観自体には同一化が不可能なので、その代理表象としての作品ヴァリアントや商品、イベント……を延々と消費し続けるのです。さらに、これら**事業システム全体が世界観の一部となり世界観を強化する装置として働くことで、ますます中毒消費を加速していきます。**これが「世界観アーキテクチャの中毒消費」というコンセプトです。

普通なら事業領域、コンテンツ展開のマルチウィンドウ、IP獲得・構築の仕組みなどを導きビジネスモデル構想とするはずです。これはこれでモデル化としてひとつの到達点ですが、それを真似たところでせいぜい収益機会の複線化くらいの話にしかなりません。「世界観アーキテクチャの中毒消費」とコンセプト化することで、「世界観を代理表象する全体システムを構築し中毒消費を生む」という、それまでとは似て非なるビジネスモデルの見方によって、まったく新たな思想と行動につながる可能性が生まれました。

コンセプト化の事例②「周囲状況依存の法則」

もうひとつコンセプト化の事例をご紹介します。その誕生の背景や思考プロセスは次章で取り上げるので、ここでは、モデル化とコンセプト化の違いの理解の一助となるようにコンセプト自体の説明を行います。なお、このコンセプトについてもクロスパートのホームページに関連するコラム「ヒットのメカニズムと指数関数的成長」がありますので、興味のある方はご参照ください。

さて、このコンセプトはとてもシンプルです。

「ある種の消費財やサービスにおいて、特定の人がその財やサービスを利用する可能性は、その人自身が自分の周囲の人がどれくらい、その財やサービスを利用していると意識しているかに比例する」

これだけ聞いても、その示唆の重要性はわかりにくいかもしれませんが、**マーケティングの考え方を根本から変える可能性をも秘めたコンセプト**なのです。その確認の前にまず、モデルとコンセプトの対比を確認しておきます。このコンセプトは定量的に次のようにモデル化されます。

アンケートなどで「自分の周囲で何割の人がその財・サービスを使っている（と思う）

［図 21］「近傍の周囲状況依存」の法則

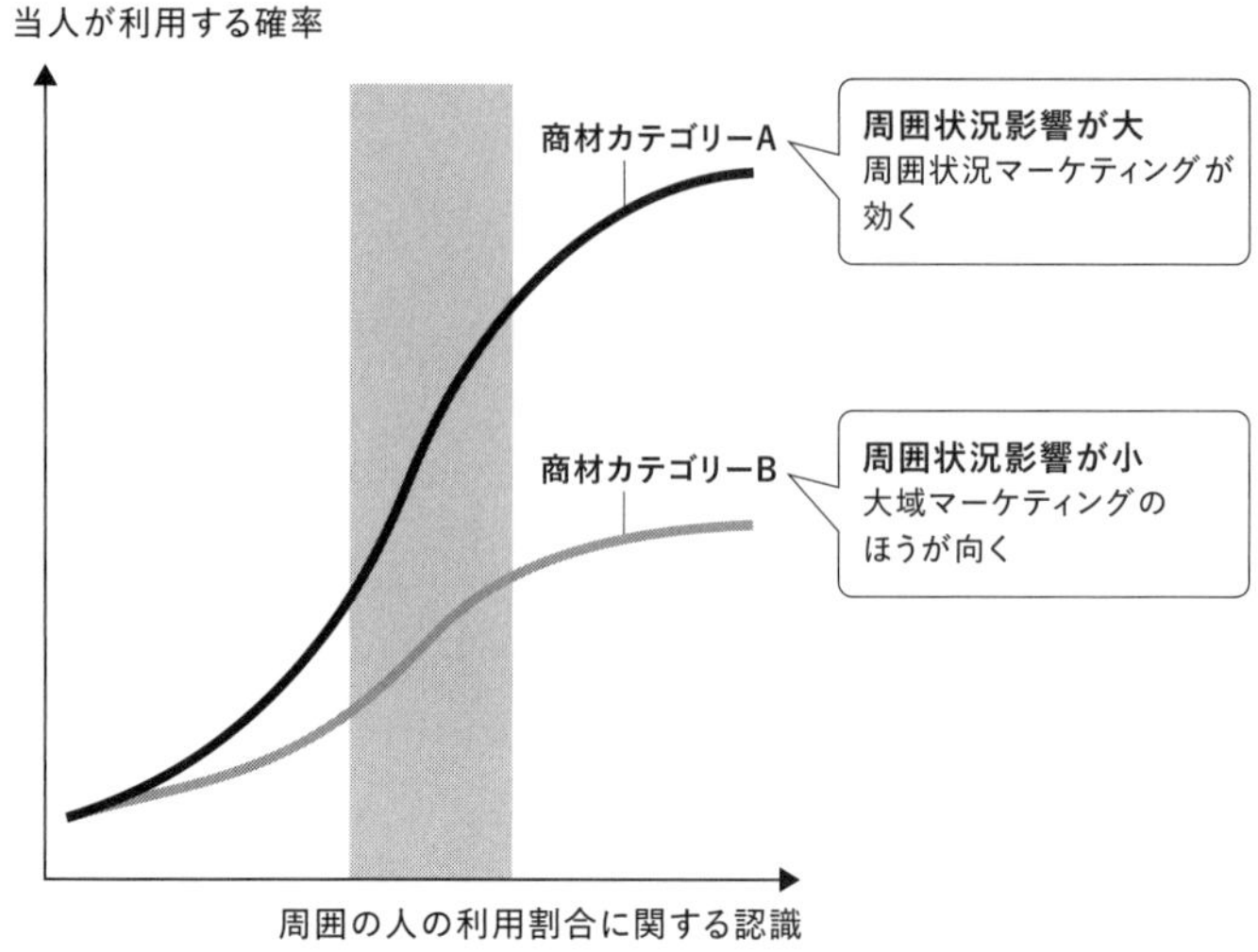

か」と「自分はその財・サービスを利用しているか」を集計すると、周囲の利用割合認知と本人の利用確率が相関します。たとえば、「自分の周りでは4割使っている」と答えた人を集めたら、その人自身が使っている確率が4割だということです。

一見当たり前に聞こえるかもしれませんが、そうではありません。個々の人が「周囲が何割」と答えたかと、その人自身が使っているか否かの集計結果による確率は、本来何の関係もありません。にもかかわらず、高い相関性が現れるのです（図21）。

さて、一見これだけだと関係性を示しただけのモデル化で、ケプラーの法則と同様です。しかし、実は、これはアンケートの統計で事後的に発見したものではありません。むしろ、逆に**コンセプトの仮説が先にあって、それをどう定量検証するか、アンケートの取り方を考案した**のです。コンセプトの仮説は消費者のインタビューと現場観察からインサイトしたものでした。もともとある商品で発見・検証したものなのですが、その後、他の商材やサービスでも確認されていて、かなり汎用性の高いコンセプトであることがわかっています。

もちろん、どれくらい周囲状況に感度があるかは商材によって差があり、それゆえマーケティングへの示唆は個別に違ってきます。ですが、一般論として、周囲状況感度が高い商材では、ニーズセグメント理解のマーケティング、パーソナライズマーケティングなど「個人のニーズ」という概念をベースにしたマーケティングの貢献は思いのほか大きくありません。周囲状況依存に応じた新しいマーケティング手法が効果を発揮します。

そして、実はこのコンセプトは基底的なところで欲望の論理とつながっています。社会物理学や社会心理学の研究成果とも軌を一にします。消費者の見方が根底的に覆るほどのインパクトを秘めたコンセプトです。

コンセプト思考の道具：「軸発想」「数式発想」「図式発想」

クロスパートではプロジェクトを通じて「事業革新パターンマトリクス」「異質ソリューションマトリクス」「ブランド価値とストーリー生成の原理」など、独自のコンセプトを多数開発してきました。

では、どうすればコンセプトをうまく考えることができるのか。皆さんの関心はそこでしょう。ところが、もう答えはほぼお伝えしています。ここまで述べてきた思考を（次章の内容も含めて）実践することです。そして、強いて言えば、最後に「コンセプトとしてパターン認識しよう」と意図することです。何度も似たようなことをお話ししているのがその証拠です。

コンセプト思考は思考態度と思考枠で述べてきたことの実践とほとんど同じです。強いて付け加えるなら「本当か？」「そうだとすると」などに導かれてきた思考の最後に「So What ?」と問うてみる。それによって単なる現状記述的要約やモデル化だけになっていないか、振り返り警鐘することができます。ともあれ、実はこの本全体がコンセプトを導くインサイト思考の解説でもあるのです。
そうは言っても、もう少しノウハウやティップスのようなものはないものか。そういう声にストレートにお応えするものではありませんが、私の思考道具を紹介しておきます。コンセプト化の前提となるパターン認識に関係しますが、本筋からは外れるのでご留意ください。

私は問題を考える際によく「軸発想」「数式発想」「図式発想」を使います。これらはパターンを認識し抽出する源として働いてくれます。しかも便利なのが、これらの発想道具自体をパターン化しているので、チャート式のように当てはめて使ってもOKです。20以上あるので全部は紹介できませんが、**汎用性が高く使用頻度も抜群に高いものを6つ厳選**して、簡単にはなりますが、解説します。チャートで覚えておくと便利です(図22)。

【二項対立】

パターン認識の初手とでも言うべき思考道具です。2つの立場を対置して、何を巡って対立するか、他にどういう対立軸があるか、それぞれの立場のプロコンは何かなどを考察

［図 22］コンセプト思考の道具

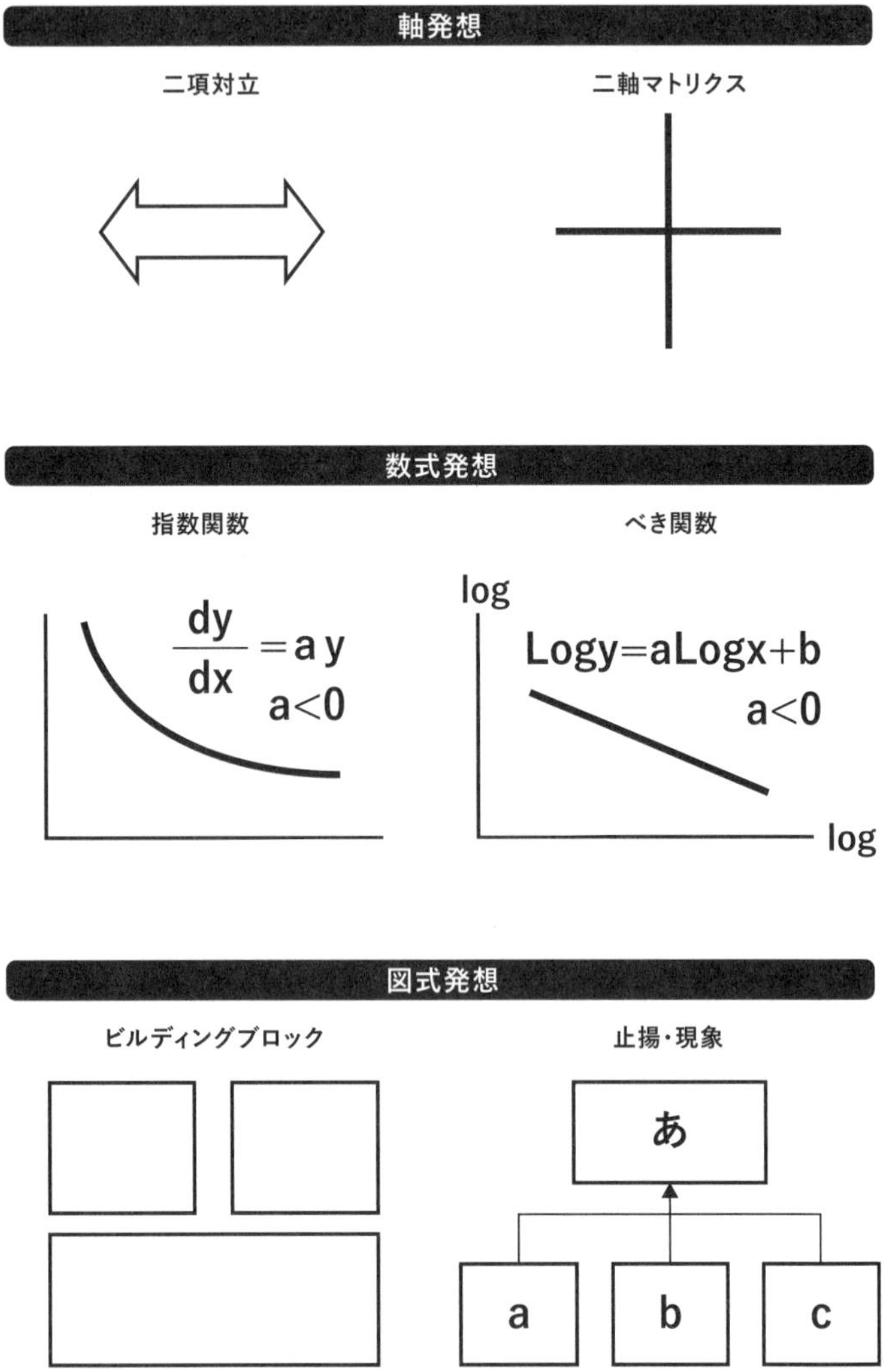

します。

売上vs利益、新規vs既存、狩猟vs農耕、実力vs功績、競争vs協調、必要vs許容など、**対比したり、別の対立軸を重ねたりする中でイメージが収束し、くっきりとした境界とパターンが浮かび上がってきます。**重ね合わせた二項の系（セリー）のイメージに名前を付ければ、それで立派な小コンセプトになり得ます。

ただし、二者択一の思考は往々にしてステレオタイプとなります。対立を止揚する思考、第三の道を探る思考があとに続くと、なおパワフルです。

【二軸マトリクス】

最近流行りのマトリクス思考ですが、その昔、BCGでは「紙を出せ。そしてとりあえず田の字を書け」と言われたものです。なんでもすぐマトリクスにするBCGのスタイルを揶揄した半ば自虐的な冗談なのですが、冗談とは思わず愚直に田の字を書き続けた私は、気づけばマトリクスの達人になっていました。

マトリクス思考は、異なる2つの切り口で複眼的に考えること、切り口を2つに絞り考えをシンプルにすることを強制的に行える思考です。

たとえば、店舗の座席回転率ｖｓ客単価で4象限を作れば、店舗ビジネスの基本的な収益とビジネスモデルがプロットされます。慣れれば誰でも2軸は考えられるようになりますが、ここでは達人技のマトリクスをひとつ紹介してみましょう。

皆さんは、「周囲に流されやすい」または「自分の考えに固執する」のどちらですか。ここで前者と後者は対立を成すと考えるのが普通です。でも、対立じゃないとしたら？　たとえば、次の①と②としてマトリクスにしてみると、対話思考における4つのスタイルが浮かび上がります。

①周囲の意見に流される ｖｓ 意見を傾聴する
②自分の考えに固執する ｖｓ 自分を相対化する

図23はそれぞれのスタイルを直感的に理解できるように宗教の登場者の視点にたとえて各象限に名前を付けてみました。どうでしょう。単なる整理学を超えて、ちょっとしたコンセプトになっていませんか。これを見て、ちゃんと対立軸になっていなくて気持ち悪いという人もいます。ですが、完全ではないがゆえに味わい深い示唆や発見、発想の源と

［図 23］対話思考のスタンス

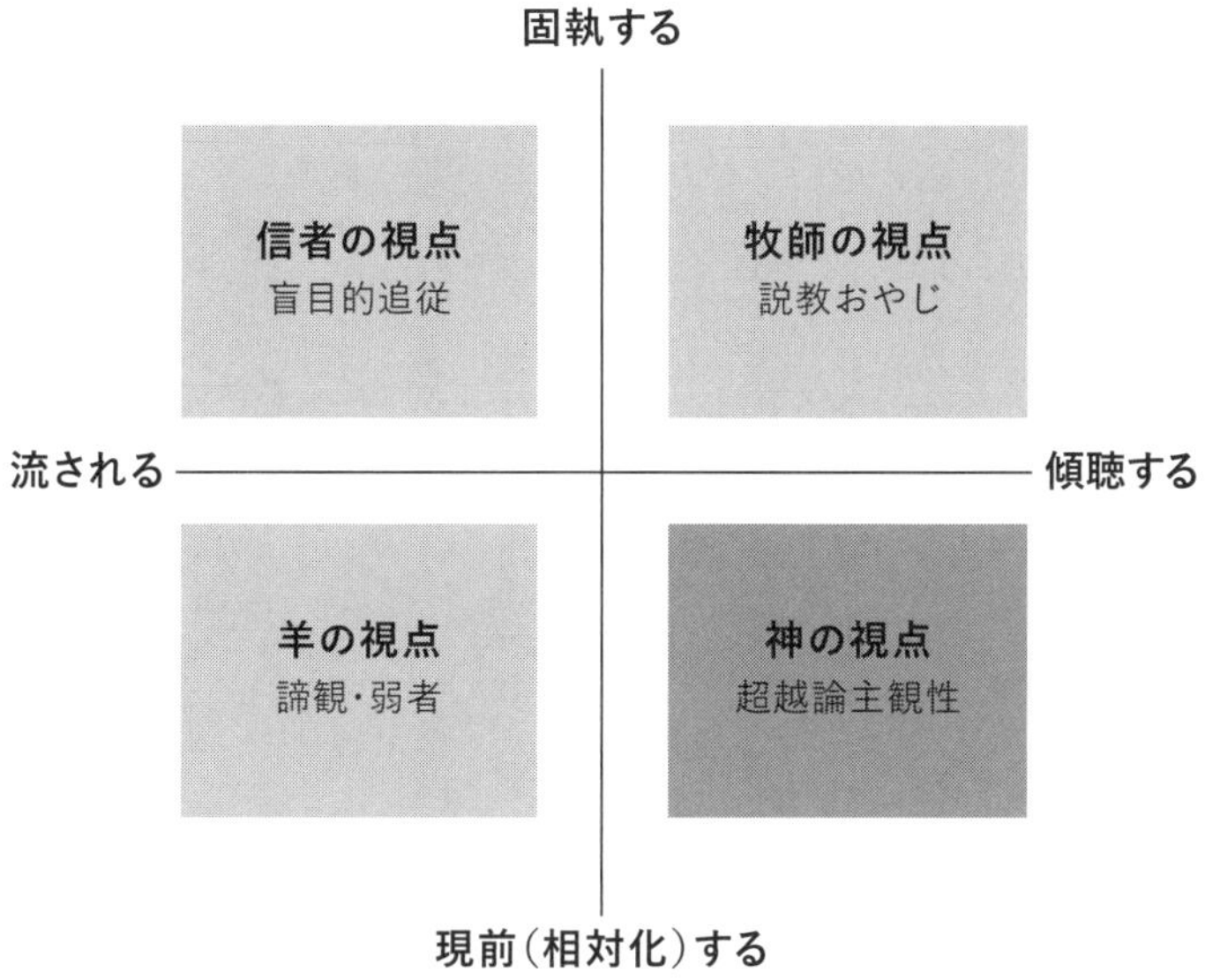

しての思考の刺激があるのではないでしょうか。詳細解説は控えます。自由に解釈を考えてみてください。

【指数関数】

指数関数の理解には少し数学の素養が必要なので、苦手な方は飛ばしてください。

一時期よくイノベーションの文脈で「指数関数的成長を目指せ！」と言われ、右肩上がりに急激に上昇する成長カーブを描いたりしているのを目にしました。別に構わないのですが、言っている人は意味がわかっているのか疑わしい。指数関数的成長とはどんな成長かひと言で言えますか。「直線的ではなくギュインと急激に成長するのだ！」という感じでしょうか。

イメージで話している分にはそれでいいですが、きちんと言うと、たとえば、年間成長率がずっと一定ということです。「え？　成長率が一定？　そんなもん？　いやいや、それだとギュインとならなくない？」。いえいえ、ギュインとなるのです（笑）。**指数的変化とは、「ある時点xでのyの変化速度＝dy/dxが、その時点でのyの状態に比例する」ということ**です。成長するだけでなく例のように減衰パターンもあります。実はそういう現象は自然にも経済やビジネスにも結構多いのです（図24）。

初期の累積トライアル速度は、その時点の未トライアル者の数に比例、リピートの離脱速度はその時点のリピーター数に比例など、マーケティングに関わる現象の多くは指数関数的なメカニズムに従っています。何か観察対象yの変化速度がその時点でのyの状態に依存・比例しそうかどうか。それで指数的メカニズムかどうかのあたりはつきます。たったこれだけの視点で数多の現象のメカニズムを解明できてしまうでしょう。

【べき関数】

べき関数は、y＝xの2乗や何乗などの関数です。べき関数（またはべき分布）で表される自然現象や経済現象では何乗のところが「マイナス何乗」の場合がほとんどで、あまり馴染みはないでしょう。右肩下がりのグラフになります。

山の高さの分布、地震のマグニチュードの大きさ別発生頻度の分布、SNSなどのネットワークにおけるつながり人数の多さの分布、音楽再生数別楽曲数分布、所得分布、売上高別企業数分布など、そこかしこに、べき分布の現象は存在します。**べき関数の特徴はスケールフリー性**です。どのスケールで見ても拡大縮小すれば同じ構造というような意味ですが、ちゃんと説明するのは大変なので割愛します。

BCGの有名なエクスペリエンスカーブもべき関数でスケールフリーの性質を示したものです（図25）。たとえば、「累積経験量が2倍になるごとに単位コストが20％下がる」というのは累積経験量が1から2へ増えるときも、100から200へ増えるときも、同じく2倍の変化なので、単位コストはそれぞれ1のときの80％、100のときの80％になります。それがスケールフリー性です。関数型としては対数関数で覚えておくとよいでしょう。

Log y=a・log x＋b（元の関数はy=eのb乗×xのa乗）で、両対数目盛のグラフでは直線

［図 24］ 定着率の指数関数による予測例

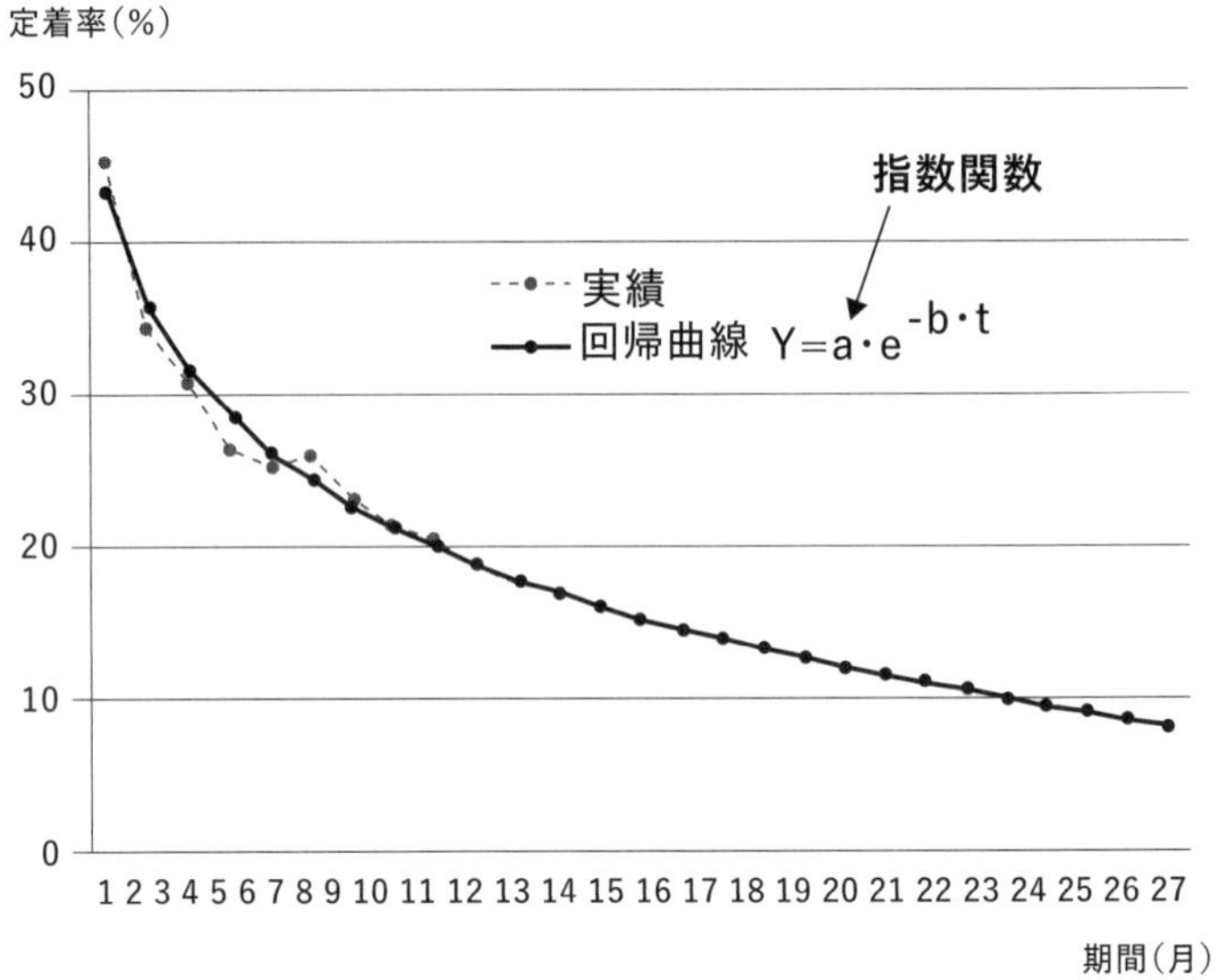

［図 25］ エクスペリエンスカーブの例

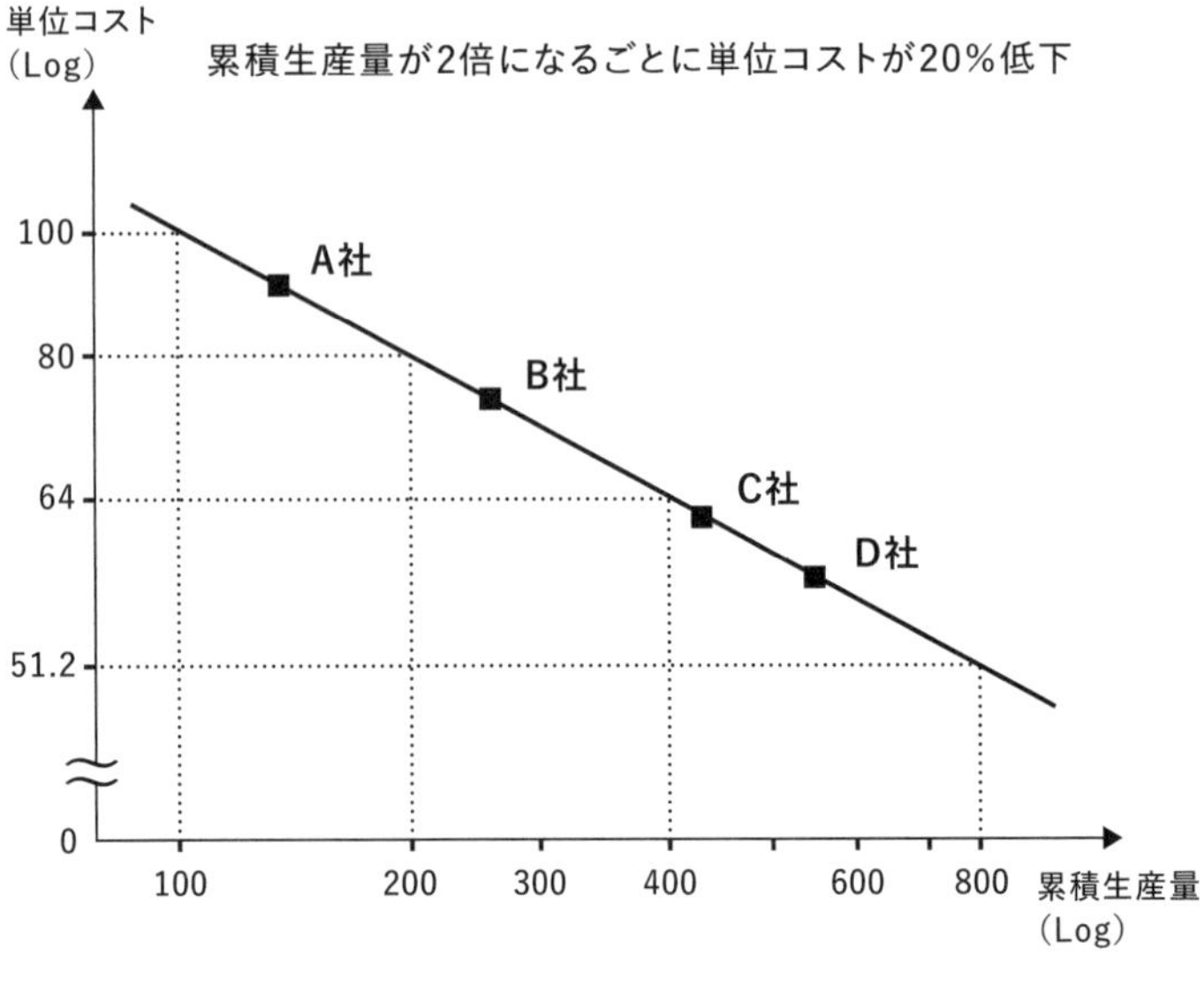

になり、スケールフリー性がよくわかります。

【ビルディングブロック】

ビルディングブロックは何かの構造を捉えようというときに、いつも私が想起する図式です（図26）。**典型的には共通基盤層の上に固有要素や固有機能が乗って全体を構成しているようなイメージでパターン認識を行います。**階層は2層でシンプルに整理するのが基本ですが、事象の複雑さや整理したい事項の多様さによって何層にでもアレンジは可能です。

私の場合はビルディングブロックで構造を整理するという視座をセットアップするだけで、パターン認識の思考が駆動してくれます。訓練次第で誰でもだんだん同じように思考できるようになり、構造を捉えるのがうまくなっていきます。

【止揚・現象】

このイメージも私の頭に常にあって、次のような異なる様々なパターンを含んでいます。

◉複数の異なる現象に共通するひとつの抽象

［図 26］ブランド価値とストーリー生成の原理
（クロスパート開発コンセプト）

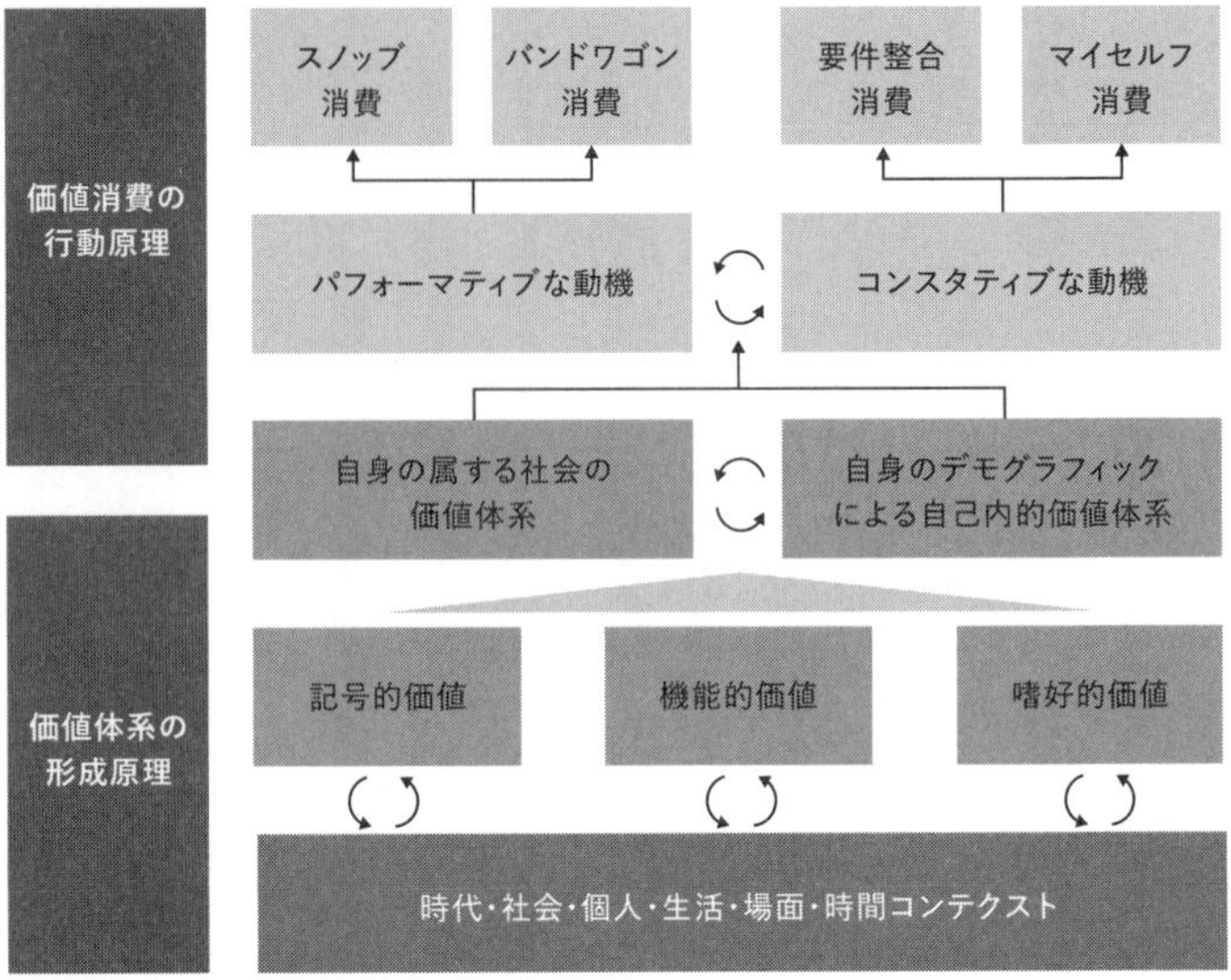

◉複数の異なる現象の背後にあるひとつの真因
◉複数の異なる現象を生み出すひとつの潮流
◉複数の異なる現象を包含するひとつの概念

これらを総称して、言葉本来の意味とは違いますが、「止揚」と呼んでいます。

現象に対しては2つの態度を同時に持つことが優れたパターン認識とコンセプト化のカギになります。ひとつは、徹底的に現象の具体に寄り添い、内容分析の要領で余すところなく細部を吟味する、もうひとつは逆に、個別の現象をメタから眺め観察して、抽象・真因・潮流・概念などへの止揚を検討する。これを同時並行して行うことで思いがけない新たなパターンのインサイトが生まれる可能性が上がります。

実際には同時というより行ったり来たりして考えることになり、論理思考を重視する人にはカオティックで非効率・非生産的に感じられるかもしれませんが、その非線形な思考こそ創造的インサイトの源になります。創造的インサイトについては次章でも掘り下げます。

Column 5

偉大な経営者との共同チーム

大企業からベンチャー企業まで、いろいろな経営者にお会いしてきましたが、皆さん、それぞれに個性があって印象的で、他人にはない独自の魅力を持っていました。そんな中でもひときわ鮮やかな輝きを放って印象に残っているのは、ソニーの元CEOで故人の出井伸之さんです。

出井さんとはプロジェクトはもとより、ドリームインキュベータ（DI）時代には取締役会でもお目にかかっていましたが、そのころは正直、直接会話をさせていただく機会などはほとんどなく、会議の場でご尊顔を拝する程度の関係でしたので、お話の内容よりむしろ、日本人離れしたダンディで紳士的なお姿を拝し、「世界のソニーCEOともなると中身はもちろん、外見も並外れてカッコいいんだな」と、まるでハリウッドスターを至近距離で見る幸運に恵まれたファンのように、少しミーハー的な意味で強烈な印象が残っていました。

それから何年も経って、出井さんはソニーCEOを退任され、のちにご自身でクオンタムリープ株式会社を設立され、業界革新や新産業やイノベーションの創出を目指しておられたころのことです。なんと、クライアントを支援する側の立場で出井さんと私が共同チームを組ませていただく奇跡のような機会を得ることができたのです。

メディアやエンタテインメント産業を中心に、それこそ世界を揺るがすようなインパクトのプロジェクトを含め、少数精鋭のチームメンバーで、一年ほどの長きにわたって、毎週何度も、何時間も膝詰めで議論を交わし、構想から実行までご一緒させていただきました。

信じられますか。あの偉大な出井さんと、クライアントとコンサルタントの関係ではなく、同じチームメンバー同士として、よくあるような名前だけ貸すなどではなく、本当に、一緒になって事業構想から実行まで丁々発止の議論をしながら進めていったのです。

チームメンバーとして動く本気の出井さんは何もかもが異次元でした。特に驚いたのはその発想力です。

最初は普通の議論でも、出井さんが調子に乗ってきたら最後、たとえば、日本のローカルなスポーツチームの経営の話をしていたら突然、「欧米の連中にはグローバルな利権構造の作り方っていうのがあって……」と発想が飛躍したり、「力がないうちはブランドにこだわらず、むしろ下請けになって顧客の要望に徹して自力をつけるというのはありなんだよな」と思いもよらない切り口から話してきたり。もう全然、何を言っているのか、なんで今その話をするのかわからないということもしょっちゅうでした。

ところが、議論のあと事務所や家に帰って、出井さんは一体何を言っていたのか、何が言いたかったのか、じっくりと考えてみると、少しずつコンセプトが見えてくるのです。話が飛躍していたところの論理を丹念に読み解いていったり、抽象的だった話は具体例を調べて解釈してみたりすると、驚くべきことに、今までに誰も語っていなかったような目から鱗の構造やパターンがくっきりと浮かび上がってくるのでした。出井さんは些末な議論の一瞬の間にも、とてつもない射程と深度のインサイトを発揮していたのでした。

私は半ば興奮し、半ば夢見心地で、なんとかそのインサイトの言語化やモデル化を試みて、次回の打ち合わせで、「出井さんの言いたかったことってこういうことですか」とぶつけてみます。すると、出井さんは満足そうに「そうそう、そういうことなんだよ」と、さらに深い考えやエピソードを披露してくれます。モデルを提示したあとは、出井さんもそのモデルに沿って話してくれるので、今度はすごくよくわかります。

自分で言うのもなんですが、出井さんと私は結構いいコンビだったように思います。私には出井さんほどの発想力はないけれど、出井さんの言葉をシャープに磨いたり、漠然とした話をクリアな構造に落としたり、あちこちに飛び散ったアイデアの原石をひとつのパースペクティブで編集して、大きな事業構想やモデル、コンセプトへ昇華させたりと、出井さんの発想を出井さん以上に大切に思い、育て、結晶化することができていたと思っています。

出井さんが話したことをほとんど全部拾ってコンセプトにしてくる輩なんて、あまりいなかったのでしょう。結構、頼りにしてくださり、だからこそなんでも話してくれました。

あるとき、出井さんが会議を始める前におもむろに落書きのようなものを見せてきて、「これ、新しく作ろうと思っている会社のコンセプトなんだけど、どう思う?」と尋ねられました。内容はもう忘れてしまいましたが、紙には色とりどりのクレヨンで書かれた言葉やイラストが楽しげに踊っていました。

なぜ、クレヨンで書いているのかと聞くと、「こういうのはクレヨンで書いたほうが発想が湧いてくるんだよ」と子どものような笑顔で教えてくれました。

ほぼ一年がかりの壮大なプロジェクトも大成功に終わり、クライアント主催による感謝の食事会の席で出井さんから「面白かったよ。また一緒にやろうな」と言っていただきましたが、その機会は二度と訪れることはありませんでした。だからこそ、奇跡のひと時として、永遠に私の胸に刻まれています。

第5章

本質へと一気にたどり着く「インサイトドリブン」

論点ドリブンや仮説ドリブンのさらなる先へ

ここまで論じてきたのは、戦略コンサルタントの中でもトップ5%だけに見えている世界であり、門外不出の秘技でした。これらを駆使することで世界の見方を更新し、行動変化へと誘うインサイトを導けるようになります。

本章では最後に、これまでの解説を踏まえ、トップ5%のものの見方や考え方からインサイトを導くプロセス・手続きとして、「インサイトドリブンアプローチ」の手法を解説します。このアプローチは程度の違いはありますが、私が見てきたトップ5%のほぼ全員に見られる特徴で、その手法を取り入れることができれば、深い洞察、本質的な解へとたどり着く可能性はいよいよ高まります。

インサイトドリブンアプローチは、他のアプローチ法と競合するものではありません。むしろ、**アプローチを多重化・重層化することでより効果的に働きます。**

そこでまずは戦略コンサルタントが用いる代表的なアプローチ方法として、「論点ドリブンアプローチ」と「仮説ドリブンアプローチ」を簡単におさらいしておきましょう。これらについては優れた解説書や類書がありますから、詳しく学びたい方は、ぜひそれらも参照してください。

【論点ドリブンアプローチ】

論点ドリブンアプローチとは、ある課題に対し、問題の真因や効果的な解決策に論理的にたどり着くためには、何が明らかになればよいかを考え、問いを洗い出し、それを論理的・構造的に構成したうえで、それぞれの問いに答えるための調査・分析を体系的に設計して、順次実行することで答えを導く手法です（図27）。**大論点から中論点、小論点へと論点をブレイクダウンする際にMECEに因数分解することで、確実かつ着実に大論点への答えへ向かうことを担保します。**

プロジェクトマネジメントに論点ドリブンアプローチを採用すると、論点と検証作業が明確なので、経験の浅いメンバーでも作業を担当することが可能となります。プロジェクトの全体像の中で各論点の位置づけが構造化されているため、最終ゴールに対してどこまで解明が進んでいるか、何が想定通りか想定外かなど、プロジェクトマネジャーはPDCAを体系的に回しやすくなります。論点ドリブンのワークプランをメンバー間で共有すれ

［図 27］論点ドリブンアプローチのイメージ

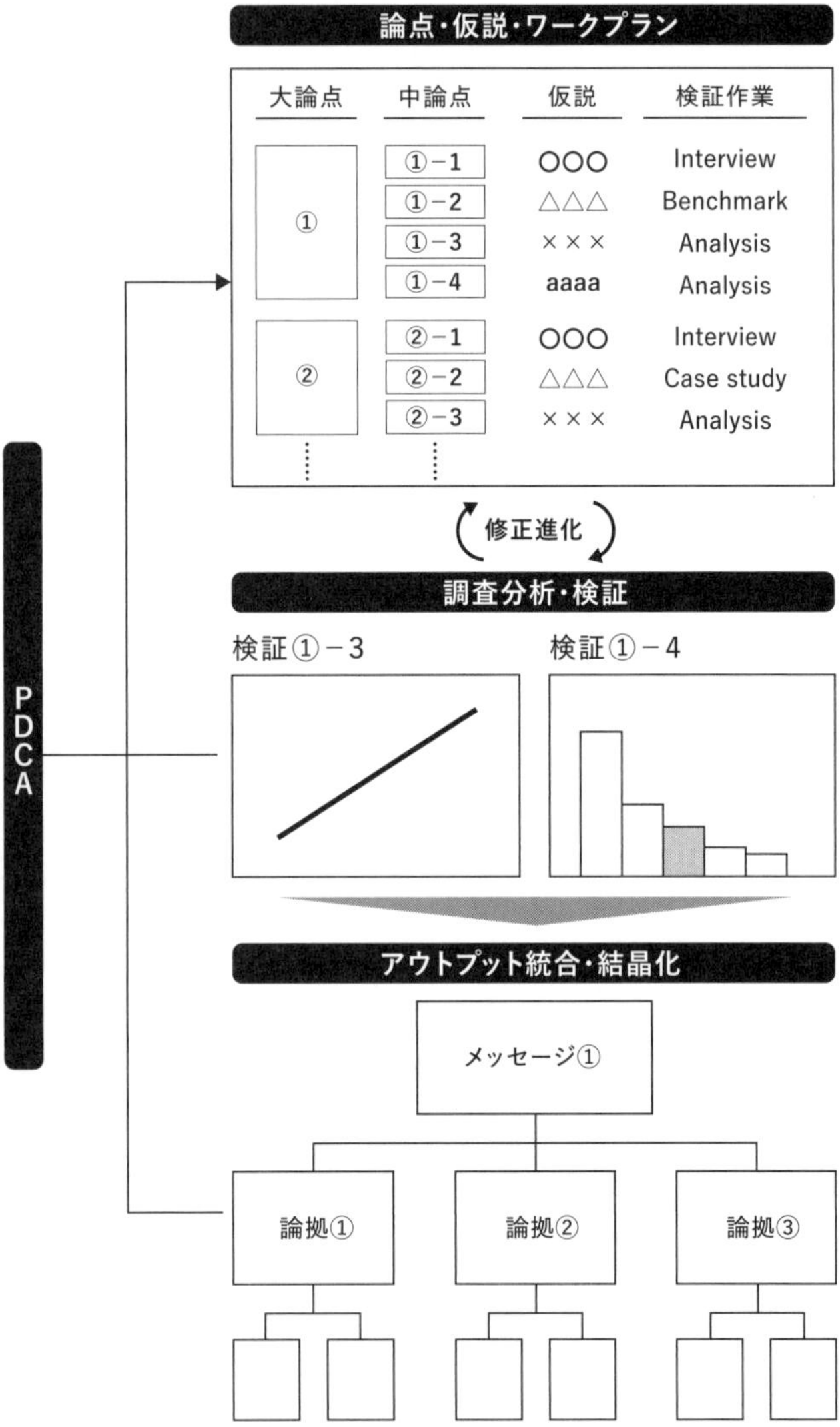

ば、コミュニケーションや協業も容易になります。

このように論点ドリブンは汎用性が高く、ほとんどのプロジェクトでチームビルディングやプロジェクトマネジメントの柱になり得ますが、特に経験の浅いテーマのプロジェクトや大規模で論点が複雑になるプロジェクトにおいて着実かつ安定的にプロジェクトを進行する助けとなります。

【仮説ドリブンアプローチ】

論点ドリブンが、問題や課題などを論理的・構造的に問いにブレイクダウンして、それらに答えることで確実に解に向かうことを特徴とするのに対し、**仮説ドリブンは、先に蓋然性の高い仮説を立て、その仮説を検証するための問いにブレイクダウンし、高速・効率的に解に向かうことを特徴**とします（図28）。特に過去の知見の蓄積や専門性に基づいて蓋然性の高い仮説が出せる場合は、結論までのスピードは圧倒的に早くなります。

また、検証によって仮説は修正され、進化していくのもひとつの特徴です。そのため「どうせ進化させるのだから当てずっぽうでもいいから仮説を先に立てろ」という強者もいるくらいです。深くは論じませんが、暴論のようでいて一理あります。

［図 28］ 仮説ドリブンアプローチのイメージ

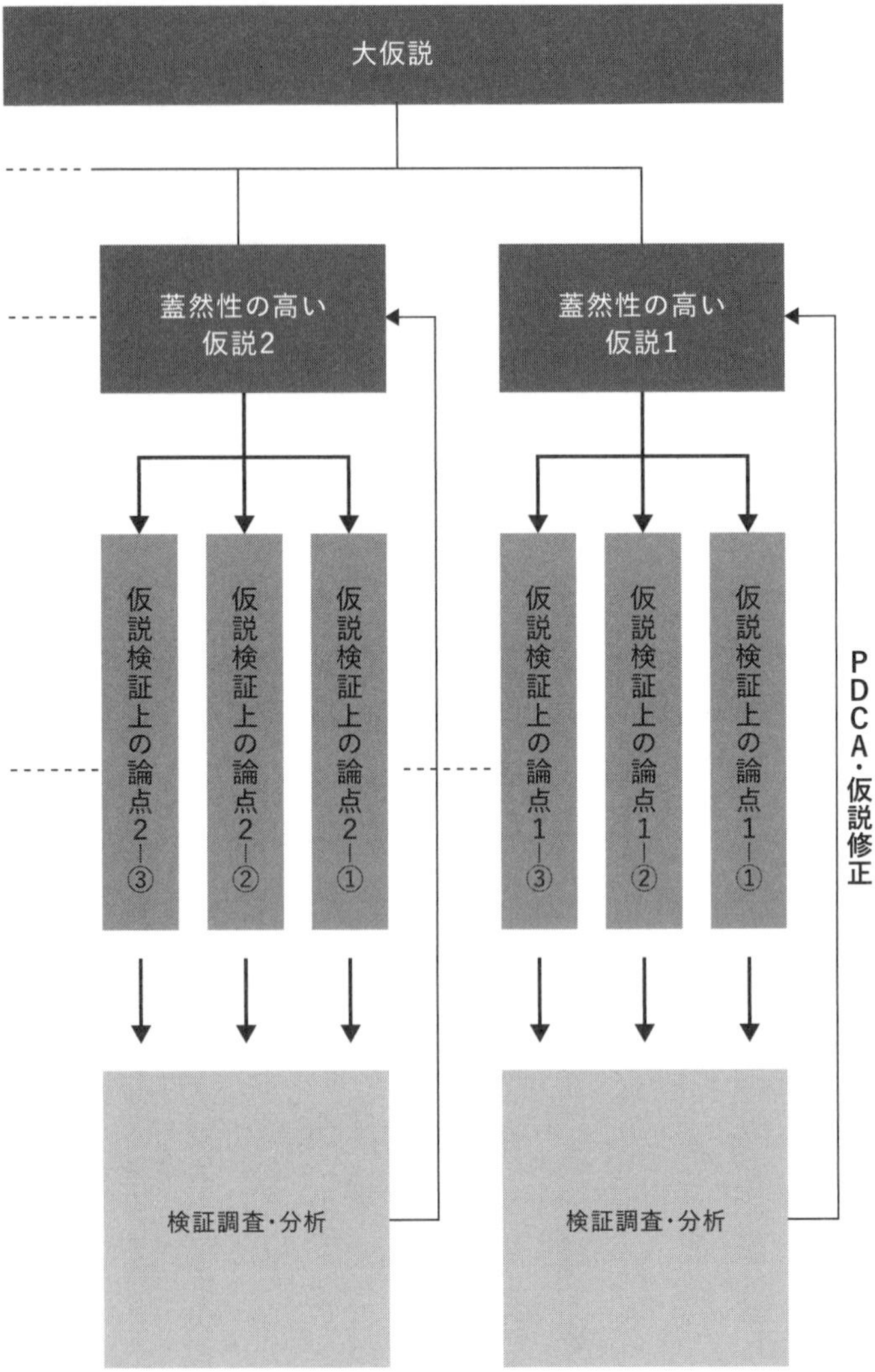

そして、仮説という軸があると、その検証作業に集中できるのでメンバーが道に迷いにくいことも大きなメリットです。先ほども言及しましたが、経験豊富な分野や領域、原因究明が必要なプロジェクトなどであれば、蓋然性の高い仮説を立てやすく効果を発揮します。

ただし、専門分野での仮説はヒューリスティックに基づくため、バイアスのリスクと背中合わせであること、仮説が平凡であれば結果もまた平凡に終わりがちなどの弱点には留意が必要でしょう。

論点ドリブンと仮説ドリブンを並走させる上級テクニック

さて、論点ドリブンと仮説ドリブンは、課題に対して「問い」から入るか、「解の仮説」から入るかで一見真逆のアプローチに見えますが、実はこの2つは兄弟であり、真逆と言うよりほぼ表裏の関係にあります。たとえば、ある新商品の売上が思ったように伸びず低迷している状況があったとして、仮説ドリブンアプローチだとどうなるか。過去の経験や少しの観察から次のように推論したとします。

「トライアルが想定より進んでいない」

「特に若者層でのトライアルで競合に負けているのでは？」

これが仮説です。初期的で現象レベルの浅い仮説ではありますが、出発点にはなります。

では、この仮説を検証する論点・問いはどうなるか。次の2つなどでしょう。

「競合と比べて新規トライアルはどの程度の差があるか」

「年齢帯ごとで比較するとどうか、若年層で顕著に負けているか」

単純ですが、これで十分初期的な仮説とその検証論点の原型になっています。


さて、ここであなたはおそらく、ふと思うはずです。

「もし、仮説が外れていたら？」

仮にこの仮説が「圧倒的経験量や専門性、理論的知見、緻密な論理推論などから導かれた、蓋然性が高いはずの仮説」だったとします。その場合は、「仮説が外れる＝定石から外れたことが起こっている」ということで、それ自体が発見であり、大きな意味やヒントが潜んでいる可能性が高いと言えます。

しかし、初期仮説がそこまで強くない・深くないことは多く、その場合は、仮説が外れたことがわかってから「あれ、どうしよう」となるため、非効率でしかありません。

そこで、仮説の確からしさをできるだけ早くチェックすると同時に、異なる課題の可能性へのアプローチを担保しておくほうが安心です。たとえば、ファネル（顧客が商品を認知してから購入するまでの行動ステップを図式化したもの）の別の切り口、すなわち「顧客数＝ターゲット人口×認知率×トライアル率×リピート率」などのMECEな因数分解から、トライアル以外の認知率やリピート率に関する検証を盛り込むなどです。

お気づきかもしれません。実はこれ、論点ドリブンアプローチとほぼ同じ思考や作業に近づいています。**仮説が外れても機敏に方向修正できるようにしておくには、結局、論点ドリブンアプローチが必要**になってくるのです。実際のプロジェクトでも、論点ドリブンと仮説ドリブンを両輪としながら進めていくケースがほとんどです。

情報も知見も限られた初期の段階での仮説設定作業は、その精度より問題意識の深化を狙いとして行います（図29）。なお、この作業はインサイトドリブンでも重要なので後述します。

その後、知見が蓄積し、分析が進んでくると、初期にはよく見えていなかった課題や真に答えるべき問いが明らかになってきます。そこで今一度、論点と仮説を練り直すことが、

［図29］　論点・仮説進化のプロセス（1か月サイクルの例）

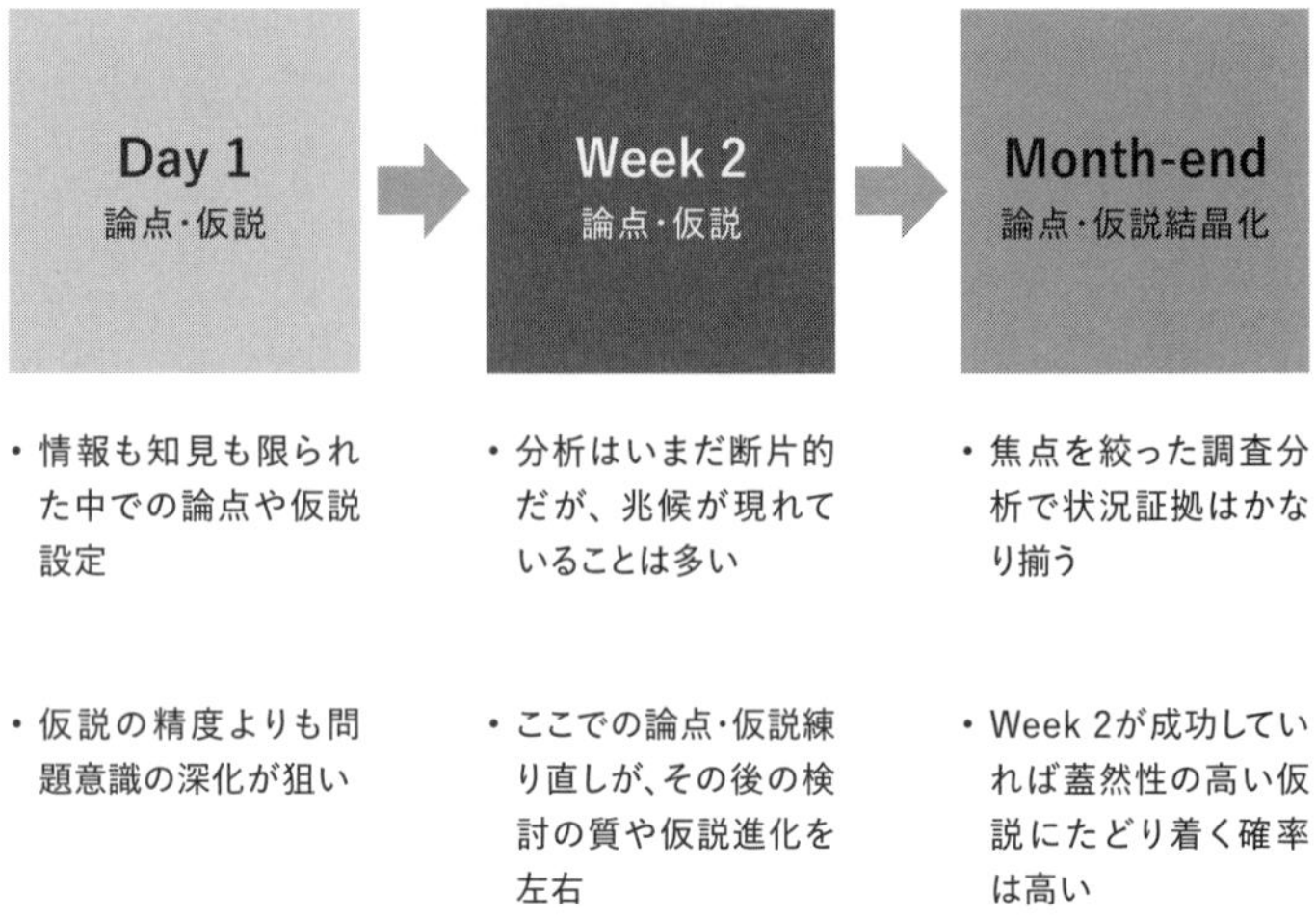
Day 1
論点・仮説
Week 2
論点・仮説
Month-end
論点・仮説結晶化
・情報も知見も限られた中での論点や仮説設定
・仮説の精度よりも問題意識の深化が狙い
・分析はいまだ断片的だが、兆候が現れていることは多い
・ここでの論点・仮説練り直しが、その後の検討の質や仮説進化を左右
・焦点を絞った調査分析で状況証拠はかなり揃う
・Week 2が成功していれば蓋然性の高い仮説にたどり着く確率は高い

その後の検討の質や仮説の進化を左右し、プロジェクトの成否の分かれ道ともなります。

こうして論点ドリブンと仮説ドリブンをうまく並走させ、双方の強みを活かしながらアプローチを続けていくのが上級テクニックです。手慣れてくれば、馴染みのない産業やテーマでも、初期的な状況把握や数本のインタビュー、フィールドワークなどをもとに相応に蓋然性のある仮説を導出することができるようになってきます。

これらが習得できれば、水準以上の問題解決力を発揮することが十分可能です。

インサイトドリブンはトップ5%が駆使する究極のアプローチ法

前項では、論点ドリブンと仮説ドリブンを並走させる上級テクニックを紹介しましたが、トップ5%はさらなる高みにいます。創造的インサイトの世界の住人です。その高みの思考を可能にする究極のアプローチ法が「インサイトドリブン」です。

一体なぜ、インサイトドリブンがずば抜けた成果を生むのか。そのことを論じる前に、まず論点ドリブンと仮説ドリブンの思考枠について理解しておきましょう。

論点ドリブンや仮説ドリブンというアプローチにおいて、論点とは中立的で客観性を担保するものであり、仮説はスタンスをとるもの、なんとなくそういうイメージがあるのではないかと思います。2つの相対感で言えば、その通りでしょう。しかし、論点と仮説は表裏だと言いました。実は論点であっても中立はあり得ません。スタンスを内包するのです。どういうことか。

先ほどの事例では、新商品の売上低迷要因を解明するために、売上高の構成要素をMECEに「ターゲット人口×認知率×トライアル率×リピート率」へと因数分解しました。これは客観的切り口ですが、中立ではありません。「消費者」を軸に見たパフォーマンス分析の切り口なのです。

ここでもし、課題が「消費者」ではなく、「地域」や「チャネル」にあったとしたらどうでしょう。たとえば、店舗への配荷や店頭での陳列に問題があるせいでトライアルが進んでいなかったのだとしたら課題は変わってきます。

具体例としては、特定地域における大手スーパーで、他の地域のスーパーと同様の本部商談をしているけれど、店舗への商品配荷や店頭での陳列の仕方にばらつきがあり、用意していたPOPも店舗によって使っていたりいなかったりしたとします。つまり、この地域では本部商談通りには店舗への商品展開や販促施策展開が徹底されておらず、それゆえ見かけ上は消費者のトライアル不足に映っていますが、実際は店頭に問題があったのだとしたら、消費者切り口の分析からすぐ課題にたどり着けるでしょうか。

このくらい単純な例であれば消費者の切り口から分析していても、いずれはたどり着くでしょうが、時間はかかりそうです。実際のビジネスの課題はもっと複雑で、適切な時間内には課題にたどり着けないかもしれません。

だからと言って、考えられるすべての切り口を網羅した論点設定とアプローチなど非現実的ですし、非実用的です。MECEも、ある切り口を前提にした中での網羅性を担保するに過ぎず、もっと言えば、よほど簡単で明確な因数分解の場合なら誰がやっても同じになるかもしれませんが、ほとんどのケースで切り方は人それぞれです。MECEは普遍性を担保するわけではなく、実際のところ、さほど重要でもありません。

論点には次のような特性があります。

- **考える方向性を特定の方向へ措定する（切り口性）**
- **論点設定の瞬間に、可能性の取捨選択をしている（選択性・決定性）**
- **論点設定は認識枠組みに規定され、逆に論点が認識枠を定める（パラダイム性）**

つまり、論点を設定した時点で「切り口」や「思考枠」はほぼ決まっているのです。だからこそ、論点ドリブンや仮説ドリブンと平行して、**切り口や思考枠自体を問いに付し、真の切り口発見へと誘うインサイトドリブンを行うことに価値がある**のです。

インサイトが生まれる確率が格段に上がる

では、いよいよインサイトドリブンアプローチを見ていきましょう。ところで、ここで言う「インサイト」とは何でしょうか。念のため定義しておくと、次のようになります。

「内容的には『想定外』のことを、プロセス的には『ひらめき』によって得ること」

想定外とひらめきは不可分ですが、理解を深めるために分けて考えてみます。

想定外のこととは、ひと言で言えば、「人の認識を一瞬で変えるような着想やコンセプト」などです。

ひらめきは、「追っている因果や論理の外から突然やってくる新たな発想」であり、感覚的なものです。追っている因果や論理の筋とは異質な切り口、これまで見ていなかったブラインドなどから、過去にまったくなかった認識が生まれたとき、人は「ひらめいた！」という感覚になります。

つまり、インサイトとは人の認識を一瞬で変えるような着想やコンセプトが、追っている因果や論理の外から突然やってくることなのです。

では、インサイトはどうすれば生まれるのでしょうか。何かいい方法論はあるのでしょうか。残念ながら、こうすれば必ずインサイトが生まれるということはありません。しかし、インサイトが生まれるべく思考の土壌を耕し、思考を導き、インサイトが生まれる確率を上げることは可能です。それがインサイトドリブンアプローチです。

インサイトを導くための考え方は、これまでの章で、思考を非日常化し、通常の思考枠の外へと誘う思考態度や問いを問う作法、マルチレンズによる視点の切り替え方などを解説してきました。また、ビッグピクチャー（ひとつ上から見る）、ルールオブザゲーム（ゲーム自体を見る）、クイックアンドダーティ（本質にもとることを大胆に切り捨てる）など、戦略思考におけるインサイトの導き方もお話してきました。

これらの考え方をアプローチに落とし込んだとき、一層深い洞察、真に認識を変えるようなインサイトへとたどり着く可能性が生まれます。

大きな謎や個人的なひっかかりから独創性の高い仮説へ

インサイトドリブンアプローチの最大の特徴は、論点とは別に、大きな謎や個人的なひっかかりをきっかけに大きな問いを立て、問題意識の駆動・深化を図ることです（図30）。客観的な論点と同じ問いに落ち着くこともありますが、それは結果論に過ぎません。

そして、ひとつの問いに対し、異なる切り口で多重アプローチをかけ、インサイトへとつなげていきます。その最大の強みは、思いがけない発見や本質的な答えが得られ、独創性の高い仮説にたどり着くことです。

アプローチをもう一段、具体化しておきましょう。考え方だけ言えばとてもシンプルです。「仕込み」「複線化」「熟成」「編集的知性」の4つを行います。

【仕込み】

アプローチの最初期、まだ情報も限られている段階で、思考枠を非日常化し、インサイトが生まれるように思考土壌を豊饒になるまで耕します。

［図 30］ 問題意識の駆動・深化

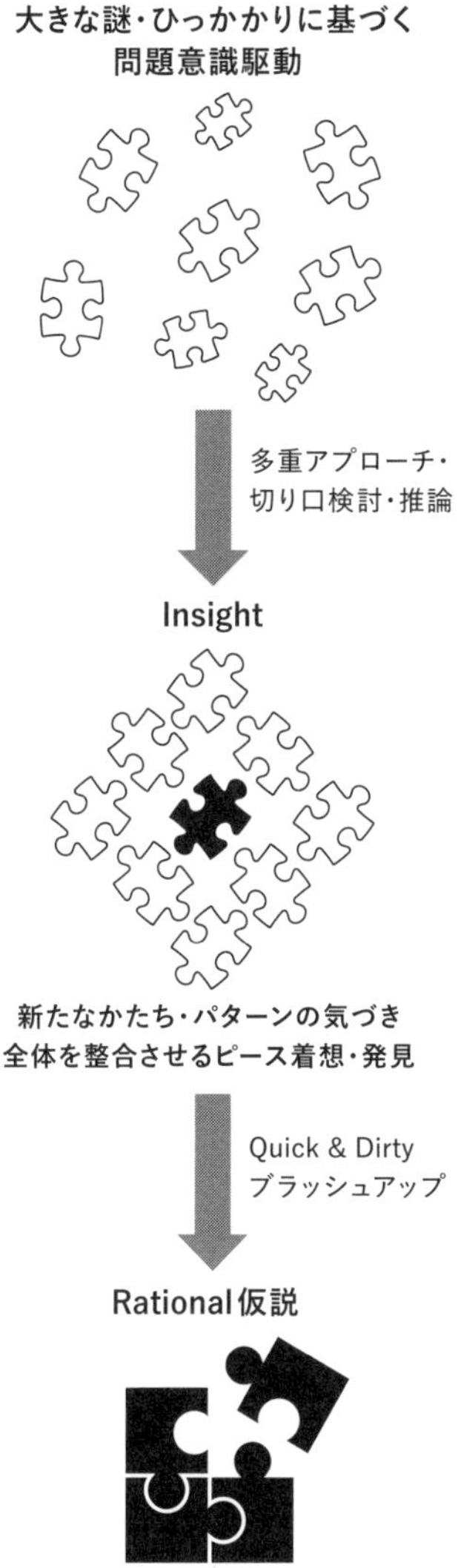

最初に通常の思考枠を認識するために定石通り論点と仮説を考え抜きます。そのうえで、そもそもの問いを問い、大きな謎や個人的ひっかかりから問題意識を駆動し、論理やアナロジーを駆使して、あらゆる角度から最大限の深度まで考え抜きます。

思考を限界まで推し進めておくことが重要なのですが、答えを出すことが目的ではありません。むしろ、**謎を深め、面白いかたちに変形し、好奇心が刺激される状態にセットアップすることが目的**です。

また、考え切ることで問題意識を半ば無意識化し、かつ必要ならいつでも取り出して眺めたり触ったりできるようにセットアップしておきます。

「いろんな角度から考えたけど、まだ答えは見えない。モヤモヤして悔しいけど面白い」そんな感覚になっていればセットアップは一応完了です。

【複線化】

通常の論点や仮説で設定した作業や考察を進めます。気になる論点については余力の範囲で複数の切り口からのアプローチを仕込んでおくと、なおよいでしょう。

私がよく使うのは、ミクロな分析アプローチに対してマクロ観点からもアプローチする、個別具体の詳細スタディに対して理論や抽象度を上げた思考実験も行うなど、これまでに述べてきたマルチレンズやビッグピクチャーなどの考え方を応用して複線化を図ります。

【熟成】

これは文字通り、思考を「寝かせる」ことです。最初にガーっと加速モードでいろんな角度から考え切って問題意識をセットアップしたあとは、アイドリングモードでしばらく放っておきます。本当に放っておくのです。

この間、たまに問題意識を取り出して眺めたり触ったりもしますが、ボーっと考えるというか、思い巡らせる程度です。

【編集的知性】

編集的知性とは、情報を組み合わせ、再構築し、新しい意味や価値を生み出す能力です（図31）。出てきた事実や分析などを集め、論点に沿った示唆出しとは別に、それらをすべて材料として相対化して眺めます。そうしてフラットな状態での比較検討を徹底すると、元の論点とはまったく違う切り口から材料を見ることができて、編集的知性が働きやすく

［図 31］ 編集的知性の発揮

■自分も他メンバーも特定のテーマ・アジェンダに基づき調査・分析・制作などを行う
■編集的知性ではそれらタスクと独立して別視点・別次元・別切り口の問題意識を持ち続ける
■ひとつの観点に基づき材料を再編集することで新たなインサイトが導出される

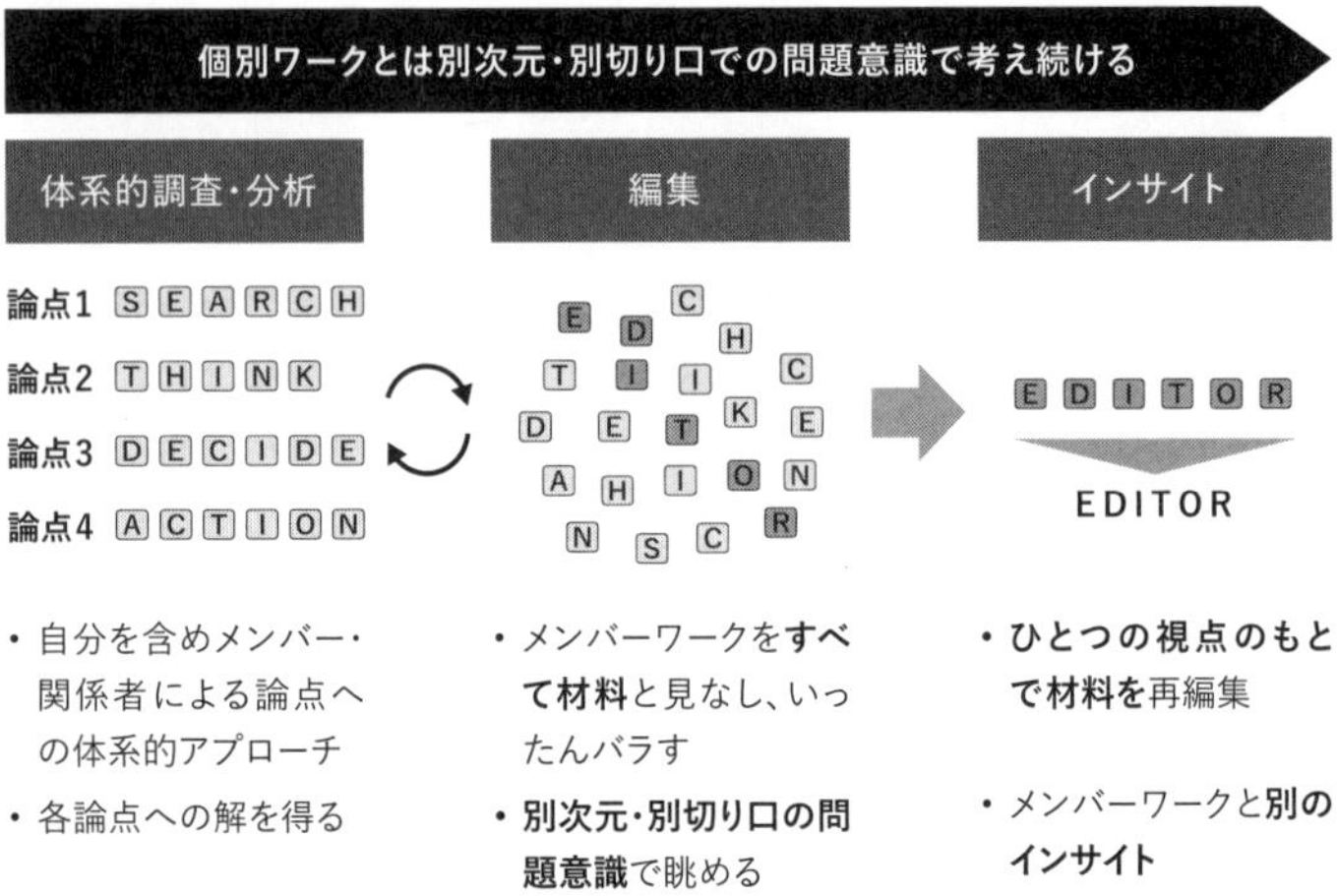
個別ワークとは別次元・別切り口での問題意識で考え続ける
体系的調査・分析
編集
インサイト
論点1 SEARCH
論点2 THINK
論点3 DECIDE
論点4 ACTION
EDITOR
EDITOR
・自分を含めメンバー・関係者による論点への体系的アプローチ
・各論点への解を得る
・メンバーワークを**すべて材料**と見なし、いったんバラす
・**別次元・別切り口の問題意識**で眺める
・**ひとつの視点のもとで材料を**再編集
・メンバーワークと**別のインサイト**

なります。

相対化による編集的知性の発揮は、インサイトドリブンにはかなり重要で、材料から想定とは違う意味が読み取れたり、無関係なはずの事実と事実の結びつきに気づいたりします。本当にわずかな違和感なので問題意識が低いと見逃してしまうこともありますが、しかるべき仕込みと熟成を経て、編集的知性を働かせていけば、「何か来た」と感じることができます。

そこで期を逃さず、再び一気に思考を加速して深めていけば、待ちに待ったインサイトの降臨です。これは本当に不思議な体験です。自分でも偶然かと思ってしまうのですが、偶然にしてはひらめく頻度が高過ぎます。**ひらめきにはもちろん偶然性はありますが、それが起こる必然性をアプローチで高めている**わけです。

概念の説明だけだと理解が難しいでしょうから、ひとつ事例を紹介します。第4章で取り上げた「周囲状況依存の法則」の元となったプロジェクトです。

新規カテゴリー創造というゲームチェンジ

ある消費財分野では、大手数社で市場を独占していました。特にトップ企業B社は50％以上のシェアを誇っていました。そこに2番手の競合が革新的な機構の商品を上市し、新規カテゴリー創造というゲームチェンジを仕掛けてきました。

当初、B社はこのカテゴリーを「邪道」と言わんばかりに無視。しかし、競合製品の売上は全国拡販から半年を待たずして市場全体の1割を超え、さらに加速する勢いです。それを見て、B社も遅ればせながら参入しますが、思うように売上が伸びません。そこで、この新規カテゴリーのマーケティング戦略を再検討することとなりました。

この手の状況やテーマにおける定石的なやり口はだいたい決まっています。たとえば、消費者にはどんなニーズがあるか。ニーズの違いはどんなデモグラフィックやペルソナ特性に起因するか。その結果、顧客セグメントはどのように分かれ、どの顧客セグメントがどういう動機や理由で新規カテゴリーを利用しているのか。逆に、どの顧客セグメントはなぜ利用しないのか。競合品と自社品で利用者のトライアル・リピート構造はどうなっているか。トライアル理由、リピート理由、離脱理由は何か。競合と自社の売上差は何の要因でどれくらい説明されるか。

このような論点に対し、消費者ヒアリング、エスノグラフィ調査、アンケート調査、流通ヒアリング、POSデータ、ID－POSデータ、ECデータの分析などを設計し、検証します。これが論点ドリブンアプローチです。

初期のヒアリングや分析からなるべく早く蓋然性の高い仮説を立てるようにします。初期仮説を早く効果的に立てるためのコツもありますが、ともかく仮説を立てたら、その仮説を検証・深掘り・進化させるために論点とアプローチを再設計します。これが仮説ドリブンアプローチです。

これら手順は基本中の基本であり定石です。理路は直線的で、したがって出てくる答えもおおむね想定範囲内・予定調和的ですが、やればほぼ必ず一定の答えが導かれます。

このケースでも、当初設定した論点は解像度高く解析され、自社の売上が伸びない要因・課題が構造的に把握されました。ここから各課題の解決インパクトや難易度などを評価し、優先課題を特定して、マーケティングの打ち手を考えていくことになります。

ここまでできれば戦略コンサルタントの標準です。普通はこれでOKです。でも、普通では足りない、届かない領域があります。

「本当か?」のアラートからインサイトドリブンが動き出す

私には大きな問題意識というか、胸騒ぎがありました。この感覚感度は重要です。

私たちが支援に入る前、市場調査部門から「新規カテゴリーを認知している人の中で強い興味を示す人の割合が調査するたびにじわじわ増えている」と聞いていました。「認知が拡大すれば興味を持つ人も拡大するのは当たり前だろうけど、このままいくと最大で市場の2割くらいまで新カテゴリーが浸透してもおかしくない」という悲観シナリオが示されたのです。

2割というのは、当該製品分野のユーザーに新規カテゴリーの認知が100%進み、認知者の中で強い興味を持つ人の比率も今の延長である一定にまで上昇し、強い興味を持つ人の全員がトライアルするという強い前提を置いたということでした。

私の頭にはすぐさま「本当か?」のアラートが鳴りました。インサイトドリブンの始まりです。「本当か?」の駆動には理路や観察、感覚など様々なものが関わりますが、このときの問題意識の駆動の理路をいくつか記載すると、次のようになります。

【思考実験】

◉競合製品トライアル者のリピート率と自社製品のリピート率には大きな差

◉もし、このリピート率のまま市場の全員がトライアルしたら、B社は目を背けたくなるような壊滅的ダメージを受ける

【論理思考】

◉悲観シナリオは論理的に見えて論理がなく、強い前提でも何でもない
◉興味層の増加がある一定で止まる根拠も、トライアルが強い興味層に限られる根拠もない

【謎と探求心】

◉認知者に占める強い興味層の「比率」が調査のたびに増えるのはなぜか？ 当たり前なのか？
◉興味を持つかどうかは、もともとのニーズやアンメットニーズの強さで合理的に決まるのか？
◉何かしら、ヒットや流行のダイナミックなメカニズムは働いていないのか？

「本当か？」に駆動された問題意識は初期段階で徹底的に深めておきます。これがインサイトの仕込みになります。

深め方に決まった手口や方法はありません。手持ちのデータをしゃぶりつくす、実際に自分も体験してみる、過去の知見を総動員する、新しい切り口や参照できそうなモデルがないか文献をあたる、それらをもとに仮説的推論を極限まで推し進めるなどです。

そこから問題意識を構造的な論点に落としたり、検証作業を設計したりは滅多にしません。そうすると思考を枠にはめてしまいかねません。あくまで論点設定や検証作業は元のアプローチに基づいたものを進めていきます。

進めている間も論点とは別に問題意識について折に触れ、考えを巡らせますが、ギリギリと考えるのではなく、**頭の片隅に置いておくというイメージ**です。すると、不思議なことに、同じ材料を前にしながら、論点で設定していた問い「以外」のこと、問題意識に関連したこと、新たなパターンや突破口などのインサイトが生まれます。

このケースでは、もともとの論点に沿って、新規カテゴリー製品の利用を始めたきっかけを顧客に聞く中で、「競合製品を使っている人をよく見かけるようになり、自分も試してみた」という話を聞く一方、新規カテゴリーで圧倒的に低シェアのB社製品でも、「自分を含め周りの人がB社製品を結構使っている」という話も聞きました。**問題意識を深めていなかったら、普通は聞き流してしまうくらいの話ですが、私にはここでインサイトが降りてきました。**

「ある人がトライアルするかどうかは、本源的なニーズやその強さなどではなく、市場全体のシェアや広告認知などでもなく、単純に、自分のごく近くの周囲にどれくらい使っている人がいるかで決まっているのではないか」

こう聞いても、このインサイトの重大な意味はまだわからないでしょう。もし、このインサイトが正しければ、ある人がこのカテゴリーの製品をトライアルする確率は、その人の周囲で何割の人がその商品を使っているかに依存し、相関していると予想されます。

検証した結果、予想は完璧に的中していました。しかも、このメカニズムは圧倒的シェアの競合製品だけでなく、市場全体ではシェア1割もないB社製品でも「まったく同様に」働いていたのです。

たとえば、ある人の周囲で80％の人がB社製品を使っているなら、その人も使っている確率はほぼ80％だったのです。そして、この相関は10％くらいから始まり、80％くらいで頭打ちしていました。これは典型的なネットワーク効果です。

調査のたびに強い興味層の割合が増えていた背後にも、このメカニズムが働いていたと推察されます。この意味は極めて重大です。どう重大なのか、示唆のひとつを見てみましょう。

周囲影響が80％まで続くなら個人レベルでの興味の増大も80％まで続くことになり、結果、理論的にはトライアルが80％まで進み得ることを意味します。重要なのは、これが引き起こされるメカニズムは存在するが、遮る合理的理由が何も存在しないことです。

そして、競合製品の定着率は50％以上と推計されたことから、当該カテゴリーは最大で市場全体の40％以上まで浸透する可能性があると結論されます。そうなると、新カテゴリーに留まらず、事業全体で根本的に競争構造やパワーバランスが変わってしまいます。

近い将来、40％程度まで浸透があり得るという我々の予想は、「いくらなんでもそこまではいかないでしょう」とかなり反発に近い反論を受けました。そんな事態はB社にとって思考枠の「外」だったのです。

果たして数年たった今、40％を超える勢いでカテゴリー浸透が進んでいます。当初、マーケティング部門から「悲観シナリオでは最大20％の浸透もあり得る」と聞いたときの胸騒ぎは残念ながら的中してしまいました。

インサイトドリブンアプローチの作業ステップ

さて、事例も見たところで、インサイトドリブンアプローチを作業プロセスとしてパターン化しておきます。おおむね次の8ステップで構成されます。

【仕込み】

①謎・ひっかかり・問いを問うなどで思考枠の「外」に出る

②加速モードで思考を尽くし問題意識を深める

【アプローチの複線化】

③通常の論点・仮説・アプローチを設計する

④ミクロvsマクロといったアプローチをマルチレンズなどで少し味付けする

【熟成】

⑤通常の論点・仮説アプローチのタスクを遂行する

⑥アイドリングモードで毎日少しだけ問題意識に思いを巡らせる

【編集的知性】

⑦全材料を元の検証目的と切り離し、それ自体として眺め・組み合わせ・考察

⑧ひらめきを掴んだら再び一気に加速モードで思考し、コンセプトを結晶化する

インサイトドリブンアプローチとは、煎じ詰めればこれだけのことです。とはいえ、その実践は簡単ではありません。**仕込み、熟成、編集的知性には思考技術だけでなく精神力も求められます。**考え切る知的体力や知的好奇心、不安定で不確実な状況への耐性などに加え、通常の思考を行いつつも思考枠の外に出るという文字通り離れ業、論理的でなくカオティックにすら見える考え散らかしが求められます。しかし、それを達成し、素晴らしいインサイトを得られたなら、その恩恵は絶大です。

論点ドリブン、仮説ドリブン、インサイトドリブンを同時並行で実施するのが最も効果的です。それを一人ですべてやることも、もちろんできますし、一人でできるようになるのがスキル上の目標になります。

しかし、実際の業務やプロジェクトにおいてチームワークで取り組むのであれば、チームリーダーやマネジャー以上がインサイトドリブンを担当し、メンバーには仮説検証や論

点アプローチを任せるというのもひとつのやり方です。マネジャーは、アプローチを分離・分担することで個々のアウトプットを材料と見る相対化の視点や編集的知性を発揮しやすくなります。

留意点を2つ上げておくと、ひとつはチームリーダーやマネジャーには論点や仮説アプローチの軌道修正・指示などについて、いつでもメンバーワークに介入できる力があることです。介入タイミングを見誤らないことはクリティカルです。

もうひとつはアプローチを分離・分担するとインサイトの背景やロジックが共有困難なことです。**インサイトドリブンでひらめいたことは、メンバーからすると自分たちが追ってきた論点や仮説の「外」から突然やってきます。**目から鱗の「Ａｈａ！体験」をもたらすはずですが、メンバーによってはかなりストレスを感じます。大元の問題意識（必ずしも最初から共有すべきとは限りません）やインサイトに至った背景をうまくコミュニケーションすることが大事です。

コンサルティングワークの場合なら対クライアントも同様です。事例でもそうでしたが、インサイトの結果がクライアントに不都合な場合はなおさらストレスを感じる人がいることには十分ご留意ください。

戦略コンサルタントのトップ5％だけが駆使するインサイトドリブンはいかがでしたしか。「論点思考×仮説思考×専門性」だけでも十分やっていけますし、なんならインサイトなんか追求するより専門性を売りにしたほうが手っ取り早くお金になります。会社組織の中で出世しやすいのはむしろそちらのほうで、生産性の低い人からは生産性が高いと驚嘆され、賞賛され、頼りにされるかもしれません。

でも、才能と意欲のある若い人たちに問いたい。

それもいいが、それだけでいいのか。この先もずっと。

何よりあなた自身、世界を変えて面白くする、エッジを切り拓いてみたくはないか。

未来はあなたたちの手の中にあるはずです。

おわりに

やっと書くことができて安堵しています。今までにも「本を出さないのか」と周囲からはずっと言われ続けてきていましたが、「うん、いつか」と答えながら、生来ものぐさな私は、SNSさえ一切やってこず、ペンをとることを今日まで避けてきました。

いざ書くとなると、あまりにも長年溜め込み過ぎて、伝えたいことが多過ぎて、「何から伝えればいいのか、わからないままときは流れて、浮かんでは消えていく、ありふれた言葉だけ（by小田和正）」といった感じでしたが、伝えることを絞り、一貫したパースペクティブで編集し、**記憶に残る言葉にする**という方針で一気に書き上げました。

読み返すと、一貫させるつもりが脱線のような箇所も多く、その割には似た話を繰り返してもいて、冗長に感じられるかもしれません。退屈させてしまったなら、私の力不足のご容赦をお願いするしかありません。

ひとつ誓うとすれば、ストーリーにテンポを持たせたいため一気に書き上げましたが、どの章、節、センテンスとて流して書いた箇所はありません。**どこを切り取っても私が伝えたいことで溢れています。**

だから、学ぶもよし、発展させるもよし、批判的に読むもよし、安心してしゃぶりつくしてください。その挑戦に応える程度には歯応えがあるはずです。

最後に少しだけ宣伝させてください。私は今、クロスパートというコンサルティング会社とクロスサイトという人材育成会社を創業し、代表を務めています。世界を面白くしたい、世界を面白くしてくれる人を育てたい、それが設立趣意であり、今風に言えばパーパスです。

本書の内容に興味を持ってくださったなら、ぜひお気軽に、事業の相談、研修や個人の学びの相談などお声がけください。直接お目にかかれる日を祈念しています。

金光 隆志

『戦略コンサルのトップ5％だけに見えている世界』読者限定特典のご案内

本書をご購入いただきまして、誠にありがとうございます。著者より、読者限定特典として、書籍では書ききれなかった「秘密の章：トップ5%のもう一つの思考特性」をプレゼントします。詳細はQRコードからご確認ください。

https://www.crossight.co.jp

※特典は予告なく内容を変更、終了することがあります

［著者略歴］
金光隆志（かねこ・たかし）
株式会社クロスパート代表取締役、戦略コンサルタント。京都大学法学部卒業後、ボストンコンサルティンググループ（BCG）入社。同社マネージャーを経て、株式会社ドリームインキュベータ（DI）の創業に参画、取締役を歴任。DI取締役退任後、ベンチャー企業の代表などを経て、株式会社クロスパートを創業、代表取締役に就任する。クロスパートでは、戦略立案や組織改革はもとより、長期事業構想、事業アイデア創出、事業開発、コーポレートベンチャリングなどの事業創造に関わるテーマに数多く従事。2024年には未来を担うリーダー人材の育成・研修事業を行う株式会社クロスサイトを創業した。

戦略《せんりゃく》コンサルのトップ５％だけに見《み》えている世界《せかい》

2025年2月1日　初版発行
2025年4月18日　第5刷発行

著　者　金光隆志

発行者　小早川幸一郎

発　行　株式会社クロスメディア・パブリッシング
〒151-0051 東京都渋谷区千駄ヶ谷4-20-3 東栄神宮外苑ビル
https://www.cm-publishing.co.jp
◎本の内容に関するお問い合わせ先：TEL(03)5413-3140／FAX(03)5413-3141

発　売　株式会社インプレス
〒101-0051 東京都千代田区神田神保町一丁目105番地
◎乱丁本・落丁本などのお問い合わせ先：FAX(03)6837-5023
service@impress.co.jp
※古書店で購入されたものについてはお取り替えできません

印刷・製本　株式会社シナノ

ISBN978-4-295-41056-0　C2034